餐饮外卖运营一本通

杨　昭　编著

電子工業出版社
Publishing House of Electronics Industry
北京·BEIJING

内 容 提 要

如何开设一家外卖店铺，打造一张爆款的菜单？

如何增加核心用户数量，快速提高物流满意度？

本书基于“内容＋实战”两条线帮助读者从零开始，读懂并精通外卖运营，让大家快速成为外卖运营高手，在外卖行业中赚得自己的第一桶金！

一条是内容线，本书提炼了 11 个专题内容，分别从案例展示、入门预热、开店须知、店铺装修、菜单确定、菜品引爆、平台借力、引流推广、体验营造、口碑提升和物流优化 11 个方面对外卖运营的相关内容进行全面解读，帮助大家快速把握外卖运营的核心内容。

另一条是实战线，通过对开店的相关事项、店铺装修的具体操作方法、入驻外卖平台的相关操作，以及各种引流方法的具体操作方法等内容分步骤进行说明，让大家对实操内容一看就懂、一学就会，从一个小白快速成长为外卖运营高手。

本书结构清晰，适合外卖店铺经营者、外卖平台运营者、外卖配送人员及各类对外卖运营感兴趣的人员阅读。

图书在版编目（CIP）数据

餐饮外卖运营一本通/杨昭编著. 一北京：电子工业出版社，2019.6

ISBN 978-7-121-36884-4

Ⅰ. ①餐…　Ⅱ. ①杨…　Ⅲ. ①饮食业－外销－经营管理　Ⅳ. ①F719.3

中国版本图书馆 CIP 数据核字（2019）第 121013 号

策划编辑：王　群
责任编辑：徐蕾薇　特约编辑：史　涛
印　　刷：北京捷迅佳彩印刷有限公司
装　　订：北京捷迅佳彩印刷有限公司
出版发行：电子工业出版社
　　　　　北京市海淀区万寿路 173 信箱　　邮编：100036
开　　本：720×1 000　1/16　印张：14.25　字数：295 千字
版　　次：2019 年 6 月第 1 版
印　　次：2023 年 3 月第 9 次印刷
定　　价：58.00 元

凡所购买电子工业出版社图书有缺损问题，请向购买书店调换。若书店售缺，请与本社发行部联系，联系及邮购电话：（010）88254888，88258888。

质量投诉请发邮件至 zlts@phei.com.cn，盗版侵权举报请发邮件至 dbqq@phei.com.cn。

本书咨询联系方式：（010）88254758。

前言

PREFACE

随着生活节奏的加快，人们开始寻求更加舒适的生活方式。因为到实体店购物需要花费的时间太长了，而且长时间行走容易让人身心俱疲，因此，淘宝、京东等电商平台快速聚集了大量用户，越来越多的消费者将消费阵地由线下转移到线上。

“懒人”购物模式随着电商平台的发展逐渐确立，人们确信有时候“懒”一点并不会给自己造成什么损失，甚至在很多情况下还能带来极大的便利。于是，许多人开始寻求让自己在其他方面变“懒”的方式。

“民以食为天”，每个人都是要吃饭的，而对许多人来说，做饭又是一件非常麻烦的事。因此，一些人开始结合购物方式的变化寻求餐饮业的变革。既然购物可以由线下转移到线上，那点餐能不能从线下转移到线上呢？一些有商业头脑的人开始仿照电商平台的做法，把线下的店铺聚集到线上。就这样，聚集大量店铺的外卖平台应运而生。

外卖平台出现之后，快速得到了许多群体的支持，如不会做饭的人、时间紧张的普通白领、可支配资金有限的学生党等。近年来，外卖行业发展迅速，越来越多的人开始习惯点外卖。

这种变化在餐饮行业引起了轩然大波。一方面，外卖平台快速发展，越来越多的餐饮市场份额被外卖占据；另一方面，传统实体餐馆受到外卖的挑战，逐渐丧失优势，寻求新的发展方向迫在眉睫。

正因为如此，越来越多的人开始看重外卖这块蛋糕。经营线下实体餐馆的商家开始入驻外卖平台，寻求新的发展机遇。而没做过餐饮的人，也希望通过外卖赚得一桶金，纷纷从其他行业转入外卖行业。

毫无疑问，随着人们生活节奏的加快和配送服务的逐步完善，人们在外卖行业中寻求发展机会是正确的选择。

但是，一方面，越来越多的人涌入外卖行业，竞争压力不断加大；另一方面，许多商家虽然有入驻外卖平台的想法，但是对于外卖运营却是毫无经验的。在这种情况下，掌握运营技巧就成为了大多数外卖运营者的首要需求。

虽然学习的方法有很多，但是，阅读相关的书籍往往可以取得更加系统、全面的学习效果。然而，目前市面上关于外卖的书籍是比较少的，而关于外卖实操的书籍就更少了。

在这种情况下，作者总结自身多年的外卖运营经验，为大家带来了本书。本书意在通过全面的内容和实操详解，帮助大家了解外卖运营的关键内容。具体来说，本书的主要内容如下。

第 1 章　案例：看看这些品牌是如何获得成功的

第 2 章　预热：外卖的行业状况，你了解了多少

第 3 章　开店：你知道怎样经营一家外卖店铺吗

第 4 章　装修：吸引眼球的店铺应该怎样设计

第 5 章　菜单：提供哪些菜品，应该如何决定

第 6 章　引爆：寻常的菜品凭什么也能变成爆品

第 7 章　借力：怎样借助外卖平台让订单量倍增

第 8 章　引流：这些营销推广技巧，你用了几个

第 9 章　体验：如何做到极致，获得用户的好感

第 10 章　口碑：怎样提升好评，让顾客自动上门

第 11 章　物流：如何优化配送，增加用户满意度

本书的内容是“干货”满满的，而且对相关方法和技巧的讲解是非常详细的。当然，本书毕竟只是作者个人经验的总结，可以为外卖运营提供一定的借鉴，但每个运营者面临的问题不尽相同，如果大家能够结合本书内容和自身运营的实际情况，取得的运营效果会更好一些。

本书由杨昭编著，参与编写的人员还有高彪等人，在此表示感谢。由于作者知识水平有限，书中难免有错误和疏漏之处，恳请广大读者批评、指正（作者微信：157075539）。

杨昭

2019 年 5 月

目 录
CONTENTS

第 1 章

案例：看看这些品牌是如何获得成功的

读前提示

我们为什么要花时间和精力来做外卖？作者认为，这个问题最直接的答案就是，看到有的店铺或品牌通过做外卖赚取了一桶金。

本章作者就从国际连锁、品牌企业和个体商家 3 个层面探讨外卖品牌获得成功的原因，帮助大家更好地找到外卖“赢销”的方法。

要点展示

1.1 国际连锁成功案例展示

1.2 品牌企业成功案例展示

1.3 个体商家成功案例展示

1.1 国际连锁成功案例展示

说到国际连锁的外卖品牌，你最先想到的是哪几个？相信大部分人对于这个问题的答案和作者是相同的，那就是麦当劳、肯德基和必胜客等。本节作者就来谈谈这 3 个国际连锁品牌获得成功的原因。

1.1.1 快餐巨头麦当劳的“麦乐送”

说起麦当劳想必大家都不陌生，这是一个国际连锁的快餐品牌，是国际快餐巨头之一。麦当劳在 1955 年由雷·克洛克（Ray Kroc）创立，截至 2017 年年底，全球麦当劳餐厅已经超过 37000 家。

作为一个国际知名的快餐品牌，麦当劳在外卖方面可以说走到了行业前列。之所以这么说，是因为其在 2007 年，通过“麦乐送”开始为消费者提供外卖服务，要知道在当时我们现在熟悉的美团外卖、饿了么和百度外卖都还没有“出生”呢！

“麦乐送”作为一个线上销售渠道，可以说为麦当劳的发展带来了更多的可能性。它的出现让消费者的用餐变得更加便利，消费者不必再去麦当劳餐厅，只要在网上点餐，便可享受麦当劳的美食。

值得一提的是，消费者通过“麦乐送”点餐，操作也非常简单。接下来，作者就介绍下具体的点餐步骤。

步骤 01 在浏览器中输入“麦乐送”，进入如图 1-1 所示的“麦乐送”官网默认界面，单击页面右侧的“开始订餐”按钮。

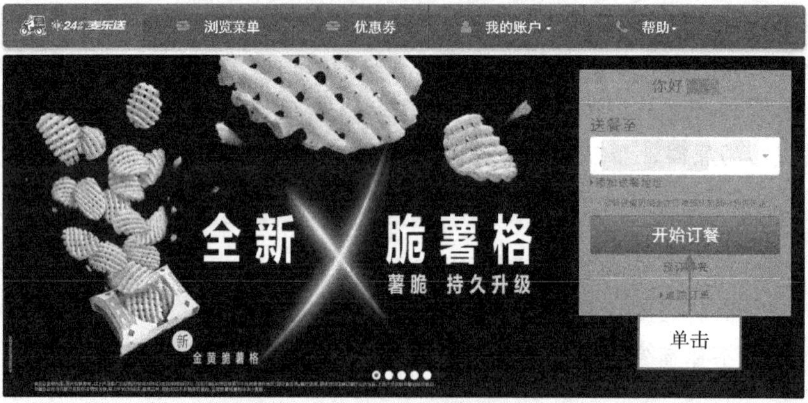

图 1-1　“麦乐送”官网默认界面

步骤 02 进入“浏览菜单”界面，单击需要购买的商品右下方的“添加”按钮，如图 1-2 所示。

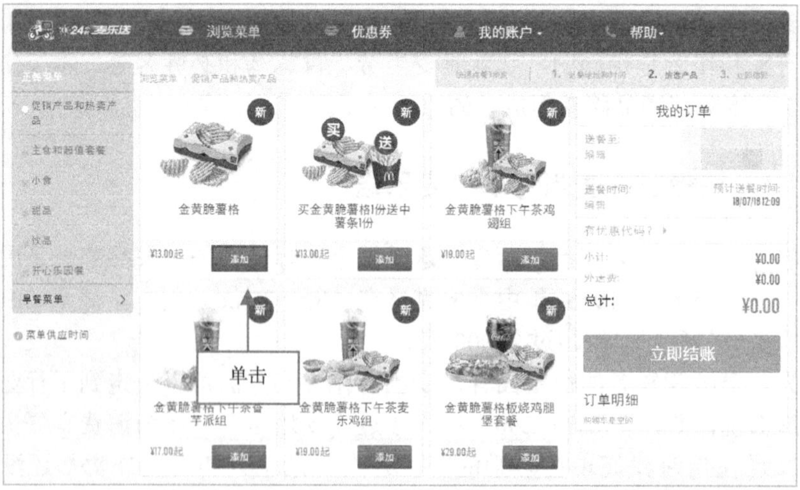

图 1-2　“浏览菜单”界面

步骤 03 执行操作后，进入如图 1-3 所示的商品添加界面，❶可单击商品左侧的 + 图标，增加商品数量；确定商品数量后，❷单击右下方的“添加产品到购物车”按钮。

图 1-3　商品添加界面

步骤 04 操作完成后，返回“浏览菜单”界面。与此同时，在页面右侧将显示订单信息。确认订单无误后，单击右侧的“立即结账”按钮，如图 1-4 所示。

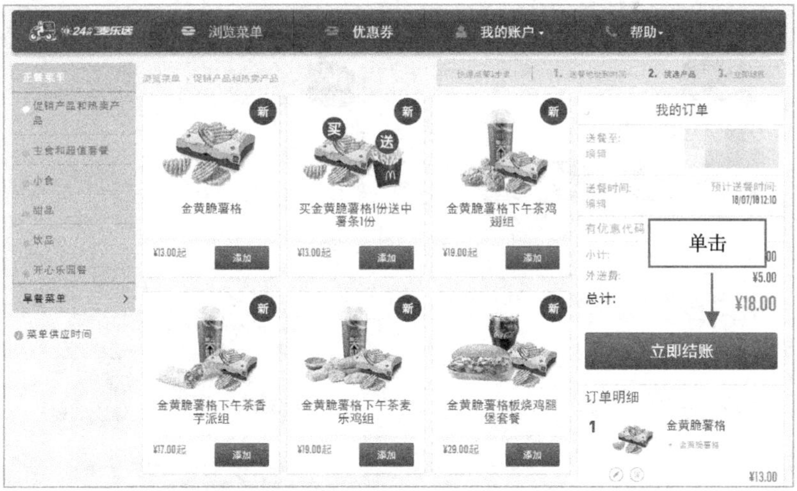

图 1-4　返回“浏览菜单”界面

步骤 05 进入“我的订单”界面，认真查看订单内容，确认无误后单击右下方的“提交订单”按钮，如图 1-5 所示。

图 1-5 “我的订单”界面

步骤 06 提交订单后，向商家支付对应金额，便完成了全部下单操作。接下来，消费者需要做的就是等外卖送上门。

对一个品牌来说，销售渠道是至关重要的。因此，麦当劳在推出“麦乐送”的同时，积极与第三方平台合作，在外卖平台上也提供了送餐服务。如图 1-6 所示为麦当劳在“美团外卖”App 和“饿了么”App 上开设的店铺。可以看到仅这两个平台，每个月也能为该麦当劳店铺增加几千个订单。

图 1-6 麦当劳在“美团外卖”App 和“饿了么”App 上开设的店铺

1.1.2 肯德基专属的“宅急送”

肯德基（Kentucky Fried Chicken，KFC）由哈兰德·山德士（Colonel Harland Sanders）先生在 1952 年创立。作为全球第二大快餐和最大炸鸡连锁品牌，其在中国 1200 多个城市开设了 5300 余家店铺。

和麦当劳相同，肯德基也配备了专门的外卖服务——“KFC 宅急送”，如图 1-7 所示为“KFC 宅急送”的相关界面。

图 1-7 “KFC 宅急送”的相关界面

“KFC 宅急送”的下单操作和“麦乐送”大致相似，这里作者就不详细说明了。肯德基和第三方平台也保持着紧密的合作，如图1-8 所示为肯德基在“美团外卖”App 和“饿了么”App 上开设的店铺。

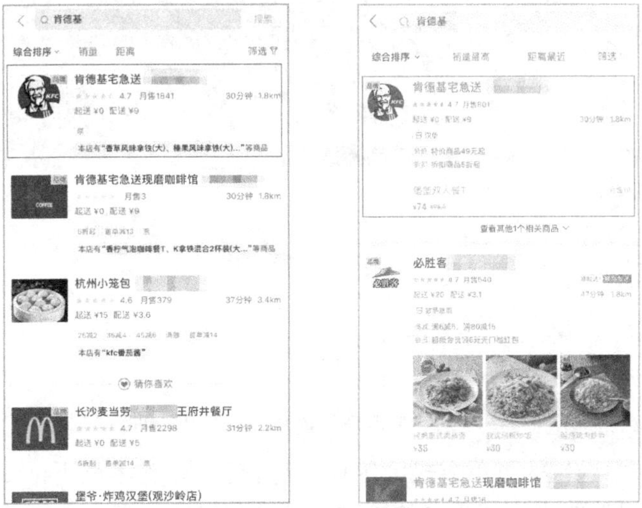

图 1-8 肯德基在“美团外卖”App 和“饿了么”App 上开设的店铺

从图1-8可以看出，即便是在第三方平台上，肯德基的外卖仍保留着“宅急送”这 3 个字。而消费者在第三方平台上点的餐，通常也是由肯德基自己配备的骑手来配送的，这颇有专属定制的意味。只不过 9 元的配送费也让不少消费者望而却步，这可能也是肯德基线上销售量不太高的原因之一。

肯德基为什么可以在中国大获成功，作者认为除品牌号召力和食品味道之外，其发布的广告也功不可没。

仔细查看肯德基的明星代言史，我们可以发现 EXO、薛之谦、鹿晗、TF Boys 和黄子韬等人的身影。上述这些人和组合，无不是自带大量流量的年轻偶像，而肯德基的主要受众群体就是年轻人。

这也是肯德基能够在中国获得如此高的知名度的重要原因。人们在消费时往往会参考品牌的知名度。所以，虽然肯德基请明星打广告需要一定的成本，但也为其赢得了大量的订单。

1.1.3 大众美食必胜客的“宅急送”

必胜客由卡尼兄弟在 1958 年创立，目前和肯德基同属百胜餐饮。作为全球最知名的比萨品牌，和麦当劳、肯德基一样，必胜客也有自己的线上外卖平台。可能因为和肯德基同属一家公司，必胜客线上外卖平台也用了“宅急送”的字样。如图 1-9 所示为“必胜客宅急送”的相关界面。

图 1-9 “必胜客宅急送”的相关界面

“必胜客宅急送”的下单方式可参照“麦乐送”，作者就不再赘述。当然，必胜客在推出自己的线上销售平台的同时，也没有忽视和第三方外卖平台的合作。

另外，在一些地区，必胜客在第三方外卖平台上开设的店铺比麦当劳和肯德基都要多一些。

如图 1-10 所示为必胜客在“美团外卖”App 和“饿了么”App 上开设的店铺，通过比较我们不难发现，必胜客在外卖平台上开设的店铺是要比麦当劳和肯德基多一些的，至少在作者所在地区是这样的。

图 1-10　必胜客在“美团外卖”App 和“饿了么”App 上开设的店铺

另外，从图 1-10 可以看出，虽然必胜客和肯德基同属百胜餐饮，但是必胜客的配送费用是要明显低于肯德基的；再加上必胜客作为国际知名的比萨品牌，行业中几乎没有知名度能够与之匹敌的其他品牌。说到比萨，人们自然而然地就想到必胜客，这也是必胜客能够成为最成功的外卖比萨品牌的重要原因。

▶ 温 馨 提 醒

总结麦当劳、肯德基和必胜客的成功经验，我们不难发现两个共通点。首先，它们都是国际知名的品牌，本身就拥有一定的品牌号召力。其次，这几个品牌都充分利用自身外卖平台和第三方外卖平台，积极开展外卖服务。

对于一般的店铺来说，知名度肯定是不能和这几个品牌相比的。在这种情况下，这些店铺想要获得成功，一方面需要增加知名度，另一方面也应该塑造自身的特色，积极培养忠实的消费者。

而从外卖平台来看，一般的店铺如果要开发自己的外卖平台，可能需要花费大量的时间和精力。此时，如果觉得实力不够，可以采用多在几个外卖平台上开设店铺的方式，弥补销售渠道的不足。

1.2 品牌企业成功案例展示

对于大多数外卖店铺来说，品牌的知名度是获得成功的重要筹码。在线上外卖平台出现前，大多数餐饮品牌可能还只是在局部地区获得了一定的知名度，而外卖平台的出现却让这些品牌有了成为全国知名品牌的可能。

“民以食为天”，我们站在街上随便一看，基本上都能看到与餐饮相关的店铺，而这些店铺大多都拥有自己的品牌，只是有的名气可能不是那么大。外卖平台给了这些品牌扩大名气的机会。这一节作者就来说下 5 个在外卖行业表现抢眼的企业。

1.2.1 服务质量为人称道的“海底捞”

海底捞创立于 1994 年，经过 20 多年的发展，它在全球已经开设了超过 200 家门店。虽然门店数量并不是很多，但这个品牌却极具知名度。该品牌 2008—2012 年连续在大众点评获得“最受欢迎火锅店”的称号，2008—2015 年连续获得“中国餐饮百强企业”的称号。

要说海底捞最出名的，还是为消费者提供的优质服务，而该品牌也因其特色服务获得了“五星级火锅店”的美称。如图 1-11 所示为部分消费者对海底捞服务的评价，从中不难看出消费者对其服务的满意程度。

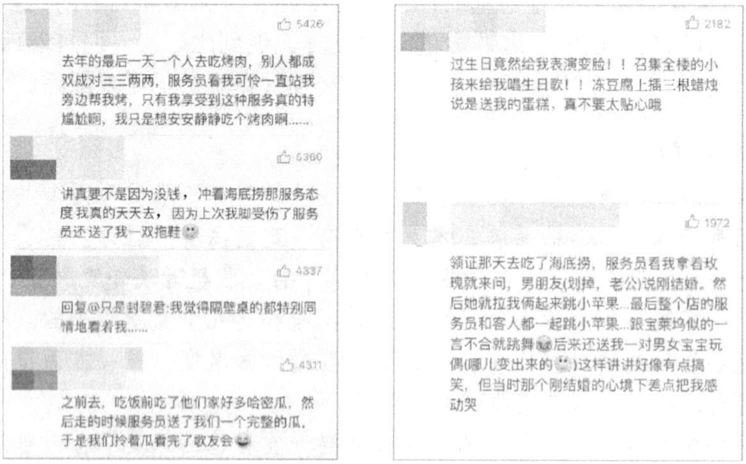

图 1-11 部分消费者对海底捞服务的评价

我们都知道火锅的口味主要取决于汤底，而海底捞的特色川味火锅又主要体现在其汤底的麻、辣上。所以，汤底便成为了海底捞火锅的制胜利器之一。但是，我们都知道像汤这种东西是不易运输的，海底捞是不是就不能做外卖了呢？

这个问题的答案显然是否定的。首先，我们都知道随着包装技术的发展，只要做好密封，在运输过程中是不会出现什么意外事件的，汤底的配料、酱料等就不会出现泄漏的问题。

另外，海底捞是一个全国知名的火锅品牌，而在中国又有许多人喜欢吃火锅。特别是在寒冷的冬季，人们往往不太想出门，但是又怀念火锅那种麻辣的滋味，这个时候许多人会选择点海底捞的外卖。这就让海底捞的外卖拥有了一定的市场。

说到海底捞的外卖服务，不得不说它的销售渠道是非常多的。从自身的平台来看，海底捞不仅有专门做外卖服务的“海底捞外卖”公众号，如图 1-12 所示为“海底捞外卖”公众号的相关界面，还开发了自己的 App，并在 App 中为消费者提供外卖服务，如图 1-13 所示为“海底捞”App 的相关界面。

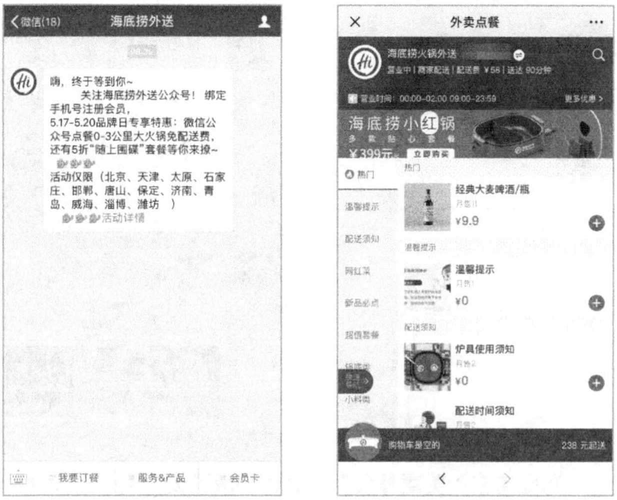

图 1-12　“海底捞外卖”公众号的相关界面

除自身平台之外，海底捞也像众多知名餐饮品牌一样，积极和第三方外卖平台开展合作，扩展业务。如图 1-14 所示为海底捞在“美团外卖”App 和“饿了么”App 上开设的店铺。

作为一个品牌，海底捞无疑是成功的，这一点从消费者的评价和该品牌获得的殊荣便可见一斑。但是，在作者看来它还可以更成功。限制海底捞外卖持续发展的因素，作者认为是它的价格。

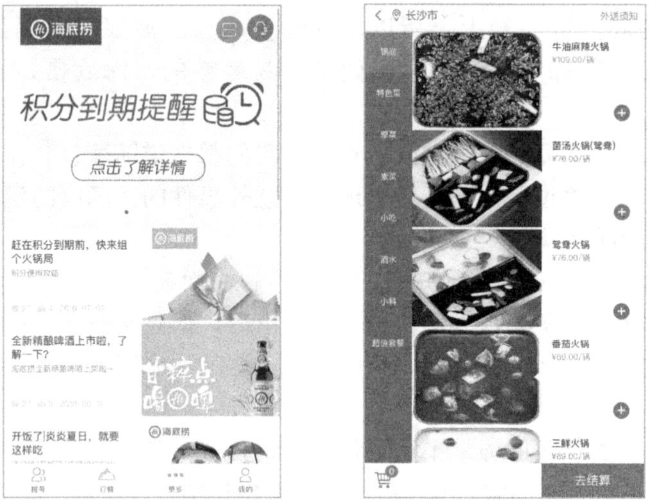

图 1-13 “海底捞”App 的相关界面

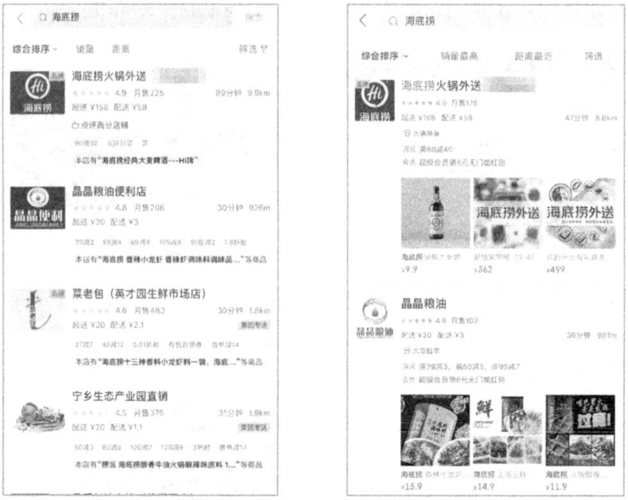

图 1-14 海底捞在“美团外卖”App 和“饿了么”App 上开设的店铺

具体来说，海底捞都是 100 多元起送的，而如果店铺与消费者的地址相对较远，配送费又得几十元。这样一来，消费一次差不多要花费几百元。很显然这对于大多数白领来说是偏高的。

当然，海底捞费用相对较高也是有原因的。首先，它是一个味道有保证的品牌；其次，其让人称道的服务质量也是需要付出成本的；最后，一顿火锅需要配送的东西相对较多，而且海底捞的配料等都是非常齐全的，外卖小哥送一次不容易。

要让海底捞的外卖有更好的发展，其实很简单，那就是适当地增加店面数量。一来可以缩短与消费者的地理距离，降低配送费用；二来可以增加销售渠道，获得更多的订单。

1.2.2 用心烹调、全心服务的“胖哥俩”

胖哥俩创立于 2008 年，虽然至今不过 10 年左右的时间，却已在全国拥有超过 200 家店面。这是一个以提供煲类和冷菜为主的餐饮品牌，如图 1-15、图 1-16 所示为该品牌的主要菜品。

图 1-15 胖哥俩的部分煲类菜品

图 1-16 胖哥俩的部分冷菜菜品

和麦当劳、肯德基、必胜客及海底捞不同，胖哥俩并没有自己的外卖平台。

该品牌进入外卖领域的时间也比较晚，2016 年，胖哥俩才开始入驻外卖平台。但是，截至 2018 年 4 月，该品牌就已经有超过 260 家店铺进入了外卖平台。

图 1-17 所示为胖哥俩在“美团外卖”App 和“饿了么”App 上开设的店铺，从中不难发现，胖哥俩在外卖平台上的店铺其实并不是很多，或者说在很多地方，该品牌的覆盖率并不是很高。

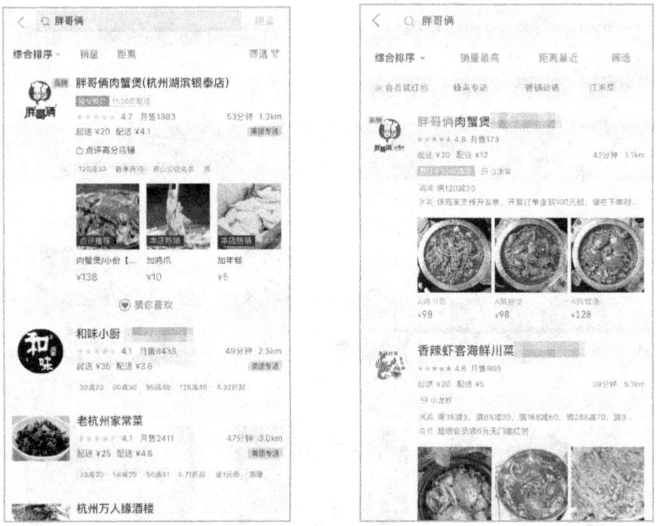

图 1-17　胖哥俩在“美团外卖”App 和“饿了么”App 上开设的店铺

其实这主要因为胖哥俩是一个发源于浙江嘉兴的品牌，目前主要活跃在浙江、江苏和上海等少数几个省市。这也是为什么“胖哥俩”这个品牌并不为许多人所知的重要原因。

从 2008 年创立开始，到现在超过 260 家店铺入驻外卖平台，胖哥俩通过“用心烹调、全心服务”的服务理念获得了广大消费者的认同。可以说，作为一个地方品牌，胖哥俩算是比较成功了。

当然，从旁观者的角度来看，胖哥俩的发展空间还是很大的。毕竟现在很多省市，无论是线上还是线下，都很难看到胖哥俩的店铺。这也让许多想尝尝味道的消费者无从消费。

1.2.3　兼顾品质和品牌的“真功夫”

真功夫创立于 1990 年，目前已在广州、深圳、北京和上海等 57 个城市开设了超过 600 家店铺。作为一个华人快餐品牌，真功夫可谓极具中国特色。具体来说，从“真功夫”这个名称，到各类中餐餐点，无不证明它是一个华人品牌。如图 1-18 所示为真功夫的部分菜品。

图 1-18　真功夫的部分菜品

从店铺数量可知，真功夫是一个极具影响力和实力的快餐品牌，因此，它在自己的官方网站和公众号上都为用户提供了外卖服务。如图 1-19、图 1-20 所示分别为真功夫官方网站和公众号的相关界面。

图 1-19 真功夫官方网站的相关界面

图 1-20　“真功夫”公众号的相关界面

对于一个品牌来说，销售渠道越多，能够获得的订单可能越多。真功夫显然也看到了这一点。因此，真功夫不仅在官网和公众号提供了外卖服务，也通过第三方平台，进一步增加线上销售渠道。如图 1-21 所示为真功夫在“美团外卖”App 和“饿了么”App 上开设的店铺。

图 1-21　真功夫在“美团外卖”App 和“饿了么”App 上开设的店铺

可以说利用较多的店铺数量和知名度打造的品牌，再加上凭借“三大标准运营体系”（后勤生产标准化、烹制设备标准化、餐厅操作标准化）塑造的品质，真功夫在餐饮行业树立了一个标杆。

当然，如果单从外卖的发展情况来看，真功夫仍有较大的上升空间。而真功夫要获得发展的关键也和其他众多品牌一样，就是增加店铺的覆盖率。

1.2.4　用户体验远超预期的“正新鸡排”

正新于 2000 年开设第一家食品店，而正新鸡排则于 2006 年正式成立公司。虽然止新鸡排是一个起步相对较晚的餐饮品牌，但其店铺增长速度是非常惊人的。单从 2017 年春节到 2018 年 3 月，正新鸡排新增的店铺便达到 7000 家。

正因为如此，正新鸡排成为国内首个“万店企业”。以至于提到鸡排时，许多人自然而然地就会想到正新鸡排。正如该品牌的名称那样，正新鸡排最主要的产品是鸡排，而同时其也为消费者提供了一些休闲小吃。如图 1-22 所示为正新鸡排的部分热销食品。

图 1-22 正新鸡排的部分热销食品

虽然正新鸡排拥有的店铺非常多，但是，它却没有自己的外卖平台。当然，借助第三方外卖平台，正新鸡排在外卖行业还是做得风生水起。如图 1-23 所示为正新鸡排在“美团外卖”App 和“饿了么”App 上开设的店铺。

图 1-23 正新鸡排在“美团外卖”App 和“饿了么”App 上开设的店铺

从图 1-23 可以看出，正新鸡排在第三方外卖平台上开设的店铺是比较多的，这也是正新鸡排能够成为国内最具影响力的鸡排品牌的重要原因。那么，正新鸡排为什么能够让这么多人加盟呢？

作者认为这主要有两方面的原因。首先，正新鸡排借助黄渤的代言，大大提高了品牌的知名度，让想要加盟的人多了一份信心；其次，正新鸡排自身也将店铺加盟作为主要的业务之一，在官网和公众号上为店铺加盟进行了大量宣传，并提供了便利的加盟渠道。如图 1-24 所示为“正新鸡排”公众号中关于加盟的界面。

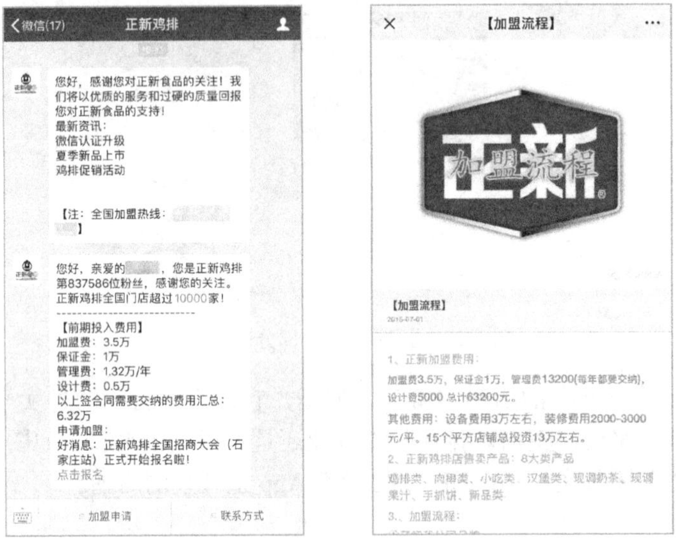

图 1-24　“正新鸡排”公众号中关于加盟的界面

作者认为，正新鸡排作为国内知名的鸡排品牌，其知名度和影响力是毋庸置疑的。但是，从外卖的销售渠道来看，还是略显不足。可以说，正新鸡排对待外卖市场的重视程度还是不太够的。如果该品牌能够建立自己的外卖平台，那必将开辟另一番天地。

1.2.5　美团第一正餐品牌“西贝莜面村”

西贝莜面村创立于 1988 年，目前在深圳、广州、北京和上海等城市已开设了 200 余家店铺。虽然西贝莜面村开设的店铺并不是很多，但是，它却在 2018 年 1 月创造了线上单月成交额超过 4700 万元的奇迹。这也让西贝莜面村成为美团外卖的第一正餐品牌。

西贝莜面村中的西贝是“西北”的谐音，而其提供的食品也以西北草原美食为主，如图 1-25 所示为西贝莜面村的部分招牌美食。正是因为其鲜明的地方特色风味，西贝莜面村收获了许多忠实的消费者。

如果说线下实体店让西贝莜面村在餐饮业占得了一席之地，那么，外卖是让其成为国内知名品牌的催化剂。虽然西贝莜面村并不像海底捞那样，开发了专门的外卖 App，但它也拥有自己的外卖品牌。

图 1-25 西贝莜面村的部分招牌美食

西贝莜面村的外卖平台主要是它的公众号，在公众号中，其为用户提供了排号点餐功能，消费者可以选择在店内用餐或者打包带走。如图 1-26 所示为“西贝莜面村”公众号中在线点餐的相关界面。

图 1-26 “西贝莜面村”公众号中在线点餐的相关界面

其实，从标题不难发现，西贝莜面村的外卖主要还是依靠第三方外卖平台的，特别是美团外卖。当然，除美团外卖之外，西贝莜面村的部分店铺与其他外卖平台也有合作。如图 1-27 所示为西贝莜面村在“美团外卖”App 和“饿了么”App 上开设的店铺。

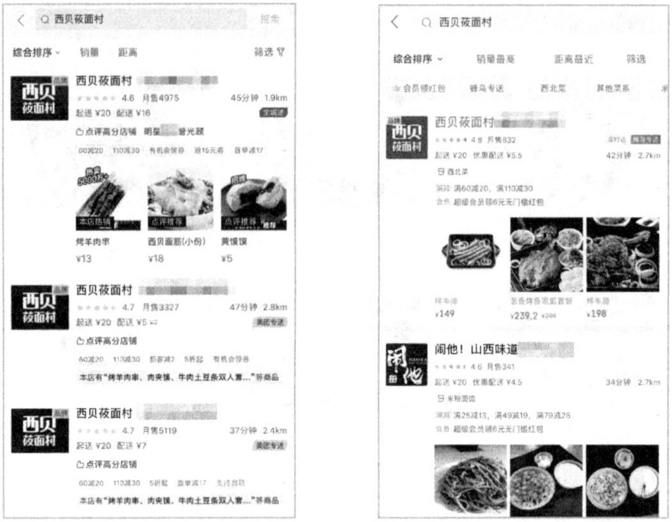

图 1-27　西贝莜面村在“美团外卖”App 和“饿了么”App 上开设的店铺

西贝莜面村的成功一方面证明了第三方外卖平台对餐饮品牌发展的巨大推动力；另一方面也显示出西贝莜面村自身的线上销售平台的建设还有待加强。西贝莜面村在公众号中提供的也只是点餐服务，而并非送餐。所以，即便在公众号点了餐，用户还要去餐厅领取，这对生活节奏较快的消费者来说显然是不适用的。

▶ 温 馨 提 醒

与国际连锁品牌不同，大多数品牌企业一般都以国内市场为主。而从企业的实力来看，则难以和国际连锁品牌一争高下，却比很多个体商家强，这颇有些比上不足、比下有余的意味。

当然，品牌企业也有显著的优势，这主要表现在它们大多是一些在国内有一定名气的品牌，而且因为是在国内诞生和发展的品牌，所以它们通常更容易了解消费者的需求，也更容易获得消费者的认同。

也正因为如此，外卖行业的发展对于品牌企业来说是一个很好的机遇。只要外卖做得好，不仅可以获得更多的销量，增加营业收入；还可提高品牌的知名度，为企业的未来发展谋求更多可能。

1.3　个体商家成功案例展示

相对于国际连锁品牌和知名品牌，外卖行业内更多的是一些知名度相对较低的个体店铺。和国际连锁品牌和知名品牌企业相比，个体店铺无论是自身实力，还是影响力都相对较弱。

但是，即便如此，在外卖行业中仍有一些个体商家凭借自身的努力获得了成功。这一节作者就选择了其中的 3 个商家进行重点解读，希望可以给个体店铺运营者提供一些借鉴。

1.3.1 用性价比俘获用户的“毛氏饭铺”

毛氏饭铺是一家以湘菜为主的个体店铺，虽然它只是一个在湖南长沙有一定知名度的品牌，在外卖平台上开设的店铺数量也比较少，但它仍是一个十分成功的个体餐饮品牌。

如图 1-28 所示为毛氏饭铺在“美团外卖”App 和“饿了么”App 上开设的店铺，可以看到，虽然它在这两个平台上都只有一家店铺，但月销量都达到了数千份。

图 1-28 毛氏饭铺在“美团外卖”App 和“饿了么”App 上开设的店铺

看到这里许多读者可能会有疑问，就这样一家店铺，凭什么获得这么多订单呢？其实，只要进入毛氏店铺的点餐界面便可以发现端倪。如图 1-29 所示为毛氏饭铺在“美团外卖”App 和“饿了么”App 上的点餐界面。

从图 1-29 不难发现，毛氏饭铺的线上销售价格是非常优惠的，无论在“美团外卖”App 还是“饿了么”App 上，都以满 18 减 17 的优惠进行销售。正是凭借如此优惠的价格，毛氏饭铺迅速吸引了大批消费者前来订餐。因此，即便它的知名度并不是很高，销量却能在外卖平台上排到前列。

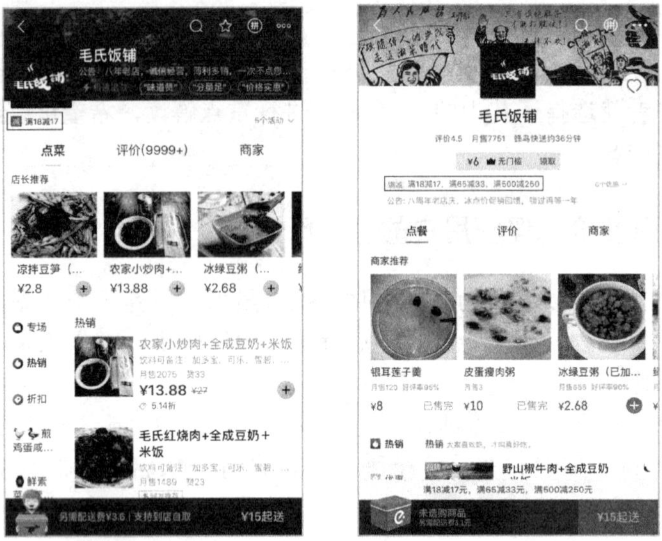

图 1-29　毛氏饭铺在“美团外卖”App 和“饿了么”App 上的点餐界面

当然，如果只是价格优惠，可能会吸引一些消费者前来下单，但是不一定能获得太多回头客。很显然，毛氏店铺不仅价格优惠，味道也不错，正是如此，在消费者看来，毛氏饭铺餐点的性价比是比较高的。

如图 1-30 所示为部分消费者对毛氏饭铺的评价，从中不难发现，许多消费者对毛氏饭铺的性价比是比较满意的。作者觉得这也是为什么毛氏饭铺能够长期获得大量订单。

图 1-30　部分消费者对毛氏饭铺的评价

1.3.2 让商品创造口碑的“金米蛋包饭”

对做外卖的商家来说，如何吸引消费者下单始终是要重点研究的一个问题。当然，一个餐饮品牌能够吸引消费者下单的因素有很多，如价格、口味等。其实，除这些之外，还有一个因素的影响也是非常巨大的，那就是消费者的评价，或者说是商品的口碑。

这一点不难理解，就像我们在网上购物一样，有时候我们觉得某件商品看上去挺不错的，甚至光看着就想下单，但我们还是会习惯性地去查看其他消费者对该商品的评价。

而我们接下来要介绍的“金米蛋包饭”的成功，口碑便起到了很大的作用。金米蛋包饭其实并没有很多线上销售平台，甚至在“饿了么”这样的外卖平台上也看不到它的踪影。

即便如此，金米蛋包饭还是通过“美团外卖”App 获得了成功。如图 1-31 所示为金米蛋包饭在“美团外卖”App 上开设的店铺的相关界面，可以看到，其月销售量竟然超过了 5000 份。

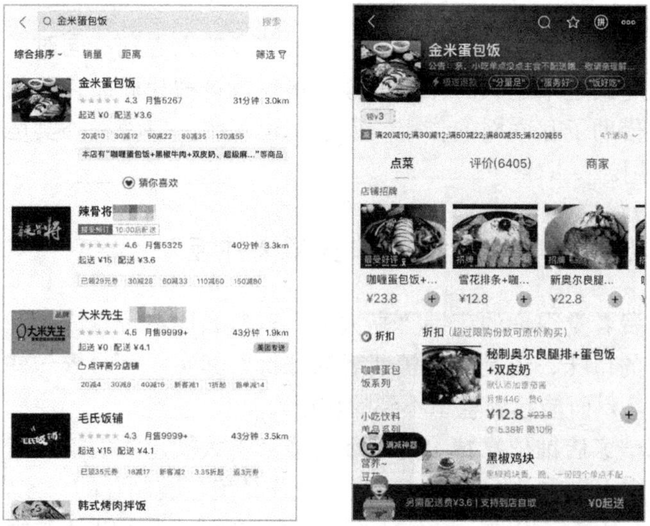

图 1-31 金米蛋包饭在“美团外卖”App 上开设的店铺的相关界面

可能有的读者会认为，这种结果的出现很可能是因为蛋包饭这种餐点在很多地方并不常见，有的消费者可能只是抱着尝鲜的想法下单，从而带动了该店铺的销售。当然，不可否认，这也是影响该店铺销量的重要原因。

但在作者看来，该店铺之所以可以获得成功，更为关键的还在于其商品的口碑。这一点从消费者的评价可见一斑，如图 1-32 所示为部分消费者对该店铺餐点的评价，从中不难发现，许多消费者都表示“好吃”“味道不错”。而其他消费者也正因为看到了这些评价才下定决心在该店铺消费。

图 1-32　部分消费者对金米蛋包饭餐点的评价

在互联网时代，一个人的言论会被越来越多的人看到，同时，消费者的评价对消费行为也起到越来越大的作用。金米蛋包饭这种让商品自己创造口碑的运营方式就很好地借助了互联网的作用，而事实也证明，口碑在外卖运营的过程中发挥了重要的作用。

1.3.3　以包装制胜的“神木炭火烧肉丼饭”

怎样让消费者觉得你的店铺“高大上”？怎么让消费者成为回头客？是优惠的价格、独特的口味、还是其他消费者的评价？其实，有时候一些看起来关系不是很大的因素，反而能起到意想不到的作用。

你能想到一家店铺依靠精美的包装也能获得大批忠实的消费者吗？接下来作者要讲的神木炭火烧肉丼饭，便可以说是依靠精美包装制胜的一家店铺。

和大多数个体商家相同，神木炭火烧肉丼饭的线上渠道也不是很多，如图 1-33 所示为神木炭火烧肉丼饭在“美团外卖”App 和“饿了么”App 上开设的店铺，可以看到该店铺在这两大外卖平台上也只各开设了一家店铺而已。

从图 1-33 可以看出，神木炭火烧肉丼饭仅在“美团外卖”App 和“饿了么”App 上，一个月便能获得超过 6000 份订单。对于很多店铺来说，线上加线下的销售总量都不一定能达到这个数量，而该店铺却能凭借两个外卖平台达到这个数量，不得不说，神木炭火烧肉丼饭的外卖做得还是非常成功的。

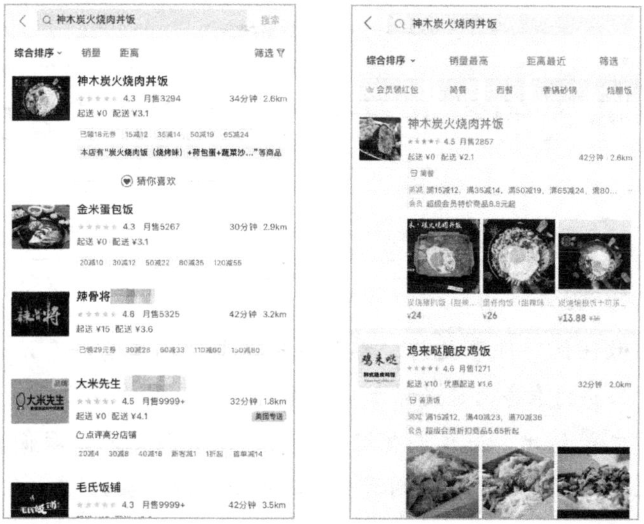

图 1-33 神木炭火烧肉丼饭在“美团外卖”App 和“饿了么”App 上开设的店铺

神木炭火烧肉丼饭的外卖之所以如此成功，口味、价格等因素自然是不必多说的，不过除这些之外，包装也为其加分不少。如图 1-34 所示为部分消费者对神木炭火烧肉丼饭餐点的评价，其中不少消费者反映“包装很好”。

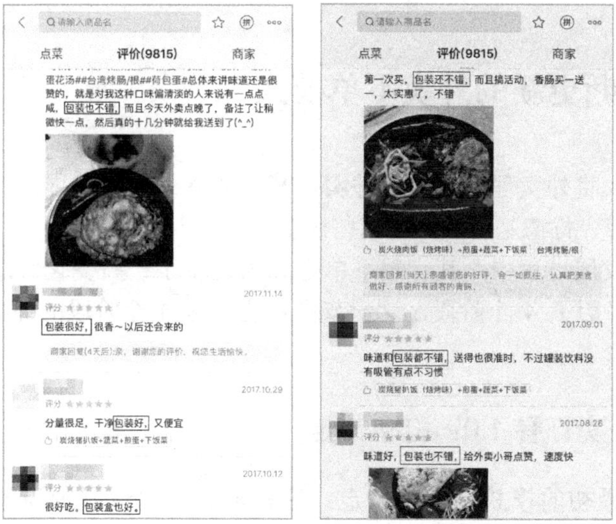

图 1-34 部分消费者对神木炭火烧肉丼饭餐点的评价

消费者在下单之前，通常会进行全面的考虑。无论是价格、口味，还是包装、配送，都会影响消费者的决定。商家如果能做好包装，无形之中就能加分不少，让更多消费者因为包装带来的良好体验，再一次光顾店铺。

第 2 章

预热：外卖的行业状况，你了解了多少

读前提示

我们在做任何一件事之前，都需要对将要做的事有一个清晰的认知。这既是一种必要的准备，也是增加成功率的一种有效途径。

做外卖也是如此，当我们有进入外卖领域的想法时，我们需要先对外卖行业的状况进行了解，从而判断自己适不适合做外卖。

要点展示

2.1 不断更新的外卖下单模式

2.2 外卖行业发展的显著特点

2.3 商家面临的机遇和挑战

2.1 不断更新的外卖下单模式

现在许多人将外卖理解为快餐外卖，其实随着外卖的发展，其包含的商品已经远不止麦当劳、肯德基和必胜客这些快餐。

在外卖的发展过程中，其订餐下单方式也发生了一些变化。总体来说，外卖订餐模式主要经历了 4 个阶段，这一节作者就对这 4 个阶段的外卖订餐模式分别进行解读。

2.1.1 外卖订餐 1.0：打包带走

外卖订餐最初的模式是打包带走。这种模式的出现是因为外卖平台还未出现，线下店铺还没有送餐服务，人们想要吃到某家店铺的餐点，只能亲自来到店铺订餐，并将其打包带走。

这种模式虽然比较古老，但现在仍有不少人在使用。特别是一些座位比较少或者不提供用餐座位的店铺，消费者只能采用这种打包带走的模式。当然，有时候人们用餐之后，剩下的菜比较多时，为了不浪费食物，也会选择打包带走剩菜，如图 2-1 所示。

图 2-1 打包带走剩菜

打包带走的外卖订餐模式的优势在于，消费者可以亲临店铺，对于购买的餐点通常也会更加放心。而从店铺的角度来看，不用再找专人为客人送餐，可以在一定程度上节省成本。

2.1.2 外卖订餐 2.0：电话下单

电话下单的出现和发展，可以说直接带来了外卖模式的一次革新。只要有店铺的电话，人们便可以通过电话订餐，而无须亲自去店铺。也正因为如此，许多店铺为了方便点餐、增加电话订餐量，会向潜在用户发放一些订餐卡片，某店铺的订餐卡片如图 2-2 所示。

图 2-2 某店铺的订餐卡片

与打包带走的外卖订餐方式相比，电话下单的优势在于，消费者可以直接在家里或办公室等地点订餐，订餐完成后只需等待送达即可；无须花费大量时间去店铺带走餐点。

当然，电话下单的外卖订餐模式也是有一定弊端的。这主要体现在，消费者要通过这种方式下单，必须先获得店铺的订餐卡片，否则就会因为无法联系店铺而无法下单。

另外，消费者下单时，不但需要说明订的餐点，还需要让店铺的服务人员清楚地记下地址，否则就会因为信息缺失造成双方时间的浪费。通过一张小小的送餐卡，消费者也很难知道店面的卫生情况，这样即使买到了餐点，可能吃得也不够放心。

而对于店铺来说，虽然通过发放卡片的方式，可以增加宣传，获得更多的订单。但是，因为要负责餐点的配送，店铺可能会需要增加一定数量的配送人员，店铺的成本势必会有所增加。

2.1.3 外卖订餐 3.0：网络下单

互联网的发展为外卖订餐模式带来了又一次革新。与电话订餐不同，网络下单充分利用网络平台，消费者只要进入店铺网站，便可完成下单。

正是因为网络下单的便利性，许多消费者选择通过网络下单的方式订外卖；而许多外卖商家和平台也顺势推出了网上订餐功能。相较于电话订餐，网上订餐的操作更简单、便捷，消费者可以通过电脑直接下单，而无须与客服进行不必要的沟通。接下来，作者就以“饿了么”平台为例，介绍网络下单的具体步骤。

步骤 01 在浏览器中搜索“饿了么”，并进入其官网首页，选择需要下单的店铺，如图 2-3 所示。

图 2-3 “饿了么”官网首页

步骤 02 进入店铺，❶选定需要购买的商品并确定数量；选择完成后，❷单击右下方的“去结算”按钮，如图 2-4 所示。

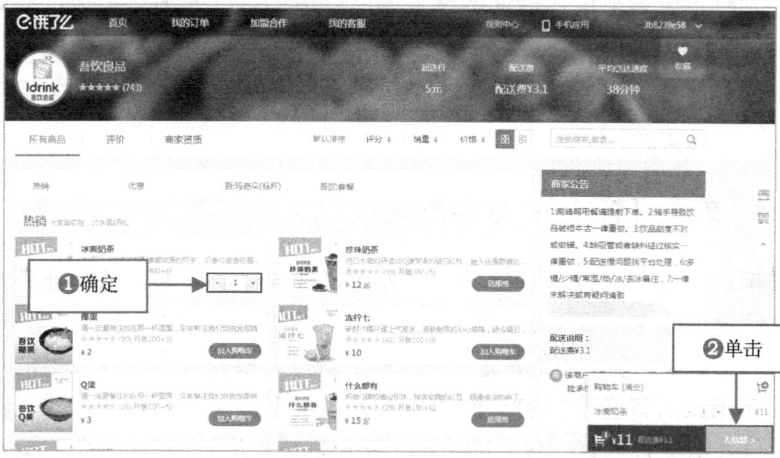

图 2-4 “选择商品”界面

步骤 03 操作完成后，进入订单信息界面。❶在该界面中确认收货地址、付款方式和优惠信息；选择完成后，❷单击右下方的“确认下单”按钮，如图 2-5 所示。完成上述操作后，消费者只需支付便可完成网上下单。

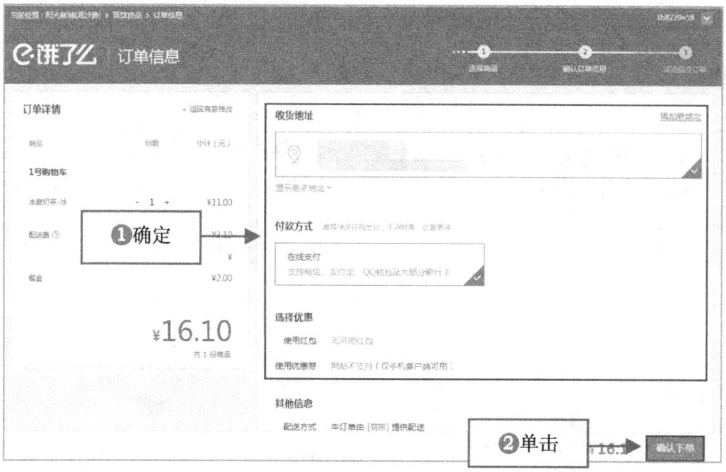

图 2-5 “确认下单”界面

可以说，网上下单的优势和不足都与电脑有关。具体来说，其优势在于，只要消费者有电脑，且电脑连接了网络，而商家又在网上提供了外卖服务，那消费者便可以通过电脑自主下单。而这种外卖订餐模式的不足就在于，它是依靠 PC

端下单的，但由于电脑毕竟有一定的体积和重量，很多时候消费者不会随身携带。这样一来，要想通过网络下单订外卖就会有一些麻烦了。

当然，对于店铺来说，借助网络下单可以增加店铺的销售渠道，从而增加订单量。但是，在此之前，店铺还需要花费一定时间，通过自建网站或者入驻外卖平台的方式开通网络下单功能。不得不说，这对一些店铺来说也是一件比较麻烦的事。

2.1.4 外卖订餐 4.0：移动下单

智能手机的发展可以说直接导致了外卖订餐载体的转变，从而让外卖订餐模式再一次发生了改变。美国媒体机构 Zenith 的数据显示，截至 2018 年，中国智能手机用户数量达 13 亿，也就是说，差不多平均每人都拥有一台智能手机。

在如此庞大的智能手机用户群体面前，移动下单的外卖订餐模式也就有了更多可能。只要消费者拥有一台智能手机，便可以通过店铺网站、外卖 App 和小程序等载体直接下单。

通过手机移动端下单的操作同样是非常简单、便捷的，接下来，作者就以“美团外卖”App 为例，对移动下单的操作步骤进行简单的说明。

步骤 01 进入“美团外卖”App，在导航栏中选择要购买的商品类别，如图 2-6 所示。

步骤 02 在弹出的界面中选择想要消费的店铺，如图 2-7 所示。

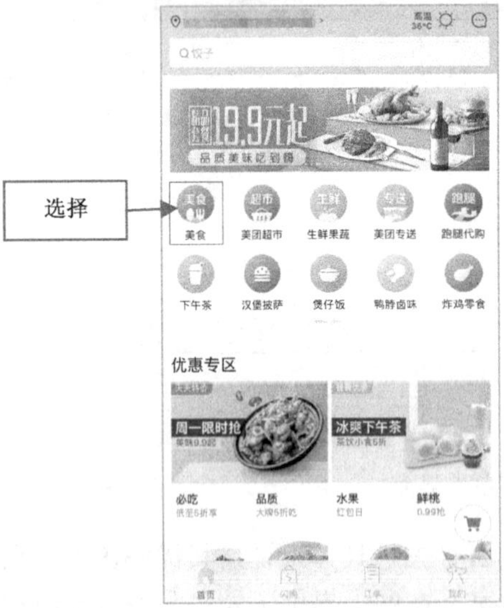

图 2-6 选择要购买的商品类别

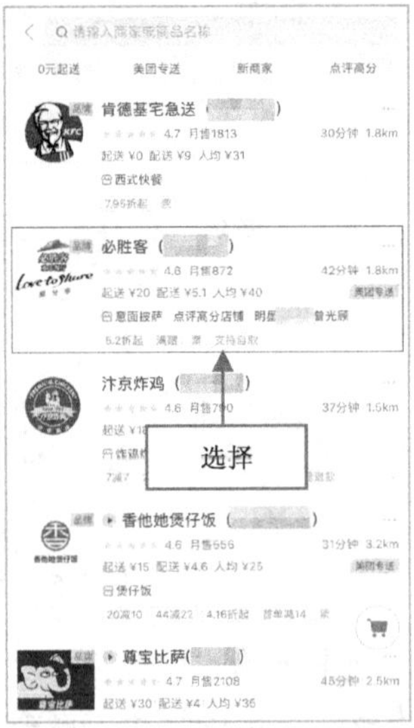

图 2-7 选择想要消费的店铺

步骤 03 进入对应店铺，❶单击商品右下方的 + 图标进行商品选择；选择完成后，❷单击界面右下方的“去结算”按钮，如图 2-8 所示。

步骤 04 操作完成后，进入“提交订单”界面。认真核对订单信息，确认无误后，单击右下方的“提交订单”按钮，如图 2-9 所示。

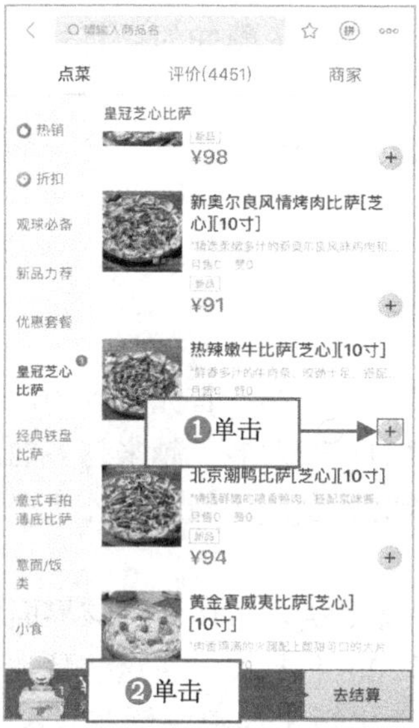

图 2-8 “确定商品”界面

图 2-9 “提交订单”界面

移动下单外卖订餐模式的优势是显而易见的，只要消费者拥有一台连接网络的智能手机，便可以随时随地下单。

当然，移动下单也是有一些不足的。例如，如果消费者要通过 App 订餐，需要先下载该 App。另外，店铺将配送任务分配给外卖平台和跑腿公司之后，服务水平很难把握，可能会影响消费者对店铺的印象。

▶ 温 馨 提 醒

随着人们生活习惯的改变和外卖行业的不断发展，外卖订餐的模式必然也会发生相应的改变。而在此过程中，各外卖店铺需要做的就是结合自身实际情况，选择适合自己的外卖点餐模式。

如果要将更多时间和精力投入到店铺的其他事情上，外卖店铺选择其中适合自身的一两种外卖订餐模式即可；如果外卖店铺想要获得尽可能多的订单，则可以同时使用这 4 种外卖订餐模式。

2.2 外卖行业发展的显著特点

近年来，借助移动互联网的发展和智能手机用户的增加，外卖行业出现了井喷式的发展，众多品牌都是通过外卖被越来越多的人熟知的，而外卖的销售总额也呈现了飞速增长。

在外卖行业的发展过程中，也开始呈现出一些显著特点。这一节作者就选择其中的 5 点进行具体说明。

2.2.1 越来越多品类进入外卖领域

说到外卖商品的品类，很多人可能还和作者一样，首先想到的就是肯德基、麦当劳和必胜客这些快餐。其实，随着外卖的不断发展，越来越多的品类开始进入外卖领域，消费者不仅可以吃到各种口味的美食，还能通过外卖平台买到一些非食用的商品和服务。

如图 2-10 所示为“饿了么”App 的商品品类，可以看到该界面的导航栏中包括了美食、晚餐、商超便利和果蔬生鲜等 20 种品类。在这些品类中，虽然美食仍占据了主要地位，但我们也可以看到，出现了如浪漫鲜花、医药健康等非食用品类。

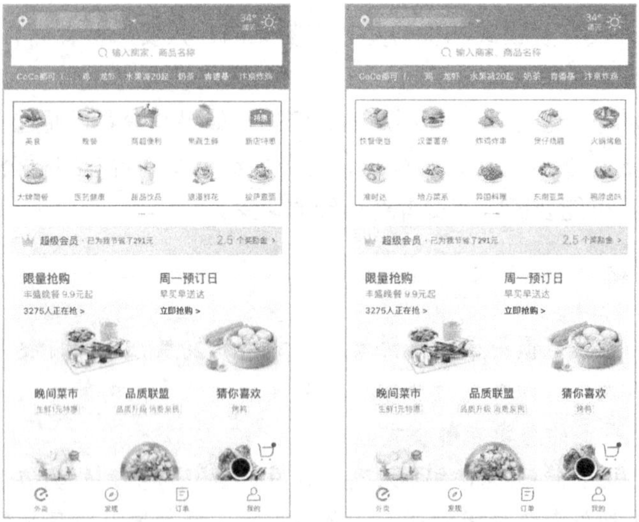

图 2-10 “饿了么”App 的商品品类

其实，越来越多的品类进入外卖领域的现象是很好理解的。首先，外卖的发展让越来越多的店铺看到了发展的契机，而随着店铺的不断加入，外卖的品类自然而然地也就变得更加丰富。其次，外卖作为服务业的一种，始终是随着用户的需求而发展的。用户在用惯了外卖之后，对品类数量的需求也会相应增加；而外卖平台和店铺为了满足用户的需求也会增加商品类别，让外卖品别变得更加丰富。

2.2.2 线上线下的融合是主流趋势

很多店铺在进入外卖行业之前都是有线下实体店的，而且通常线下实体店的营业额还是比较可观的。这一部分店铺之所以要做外卖，一方面是为了扩展销售渠道，进一步增加营业额；另一方面也是为了减轻线下实体店的用餐压力，提高店铺的可接待用户数量。

以“CoCo 都可”为例，在大多数 CoCo 都可的实体店面内，也就十来张桌子。而许多人点餐之后便坐在椅子上，一坐就是几个小时。这样一来，实体店的可接待人数便受到了限制。而借助线上平台，即便实体店满员，店铺仍可向外销售商品，销量也将因此获得一定的提升。如图 2-11、图 2-12 所示为某 CoCo 都可店铺在“饿了么”App 和“美团外卖”App 上开设的店铺。

图 2-11 某 CoCo 都可店铺在“饿了么”App 上开设的店铺

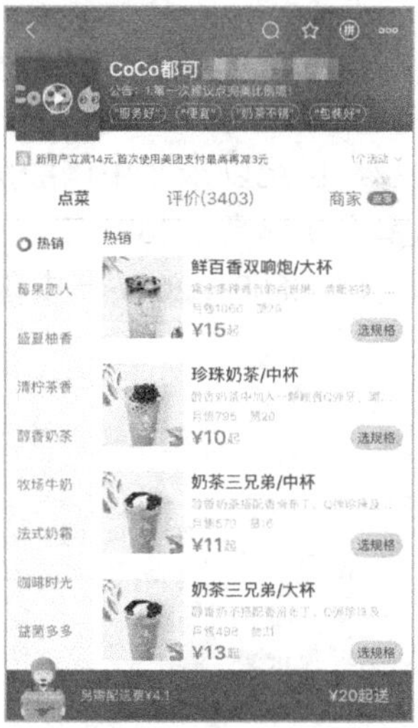

图 2-12 某 CoCo 都可店铺在“美团外卖”App 上开设的店铺

除“饿了么”App 和“美团外卖”App 之外，该店铺还在其他 App 外卖平台及外卖平台小程序上开设了店铺。借助线上销售渠道，该店铺的销售量势必会增加很多。

正是因为线上平台为线下的实体店带来了更多发展的机遇，越来越多线下的实体店开始进入外卖行业，而线上、线下的融合也开始成为外卖行业的主流趋势，被大多数店铺采用。

另外，各大外卖平台也开始和超市等侧重线下销售的店铺进行合作，将店铺的销售扩展到线上。例如，在“饿了么”App 中设置了专门的“商超便利”版块，如图 2-13 所示，将外卖业务扩展到了超市。

图 2-13 “饿了么”App 的“商超便利”版块

2.2.3 外卖成为拉动消费的新动能

进入 21 世纪以来，中国经济稳步发展，GDP 总量稳步增长，中国对全球经济的贡献率不断提高。2017 年，中国 GDP 达到 827122 亿元，同比增速 6.9%。如图 2-14 所示为 2000—2017 年中国 GDP 变化情况。

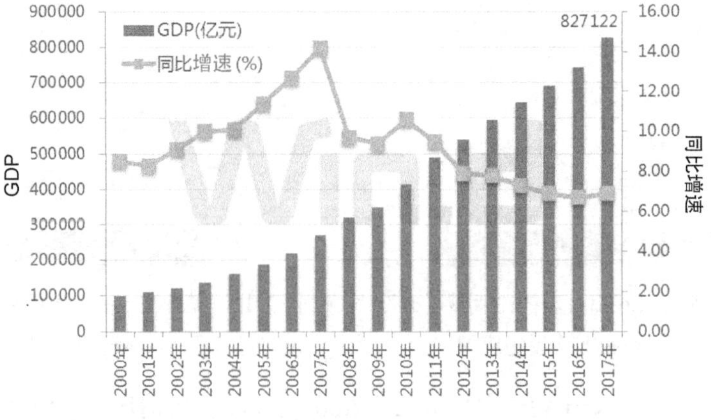

图 2-14 2000—2017 年中国 GDP 变化情况

资料来源：Wind。

餐饮业对中国 GDP 的贡献是很大的。2017 年，中国餐饮业收入达 39000 亿元，约占中国 GDP 的 5%。而从增速来看，餐饮业的增速约为 10%（明显高于中国 GDP 6.9%的增速）。因此，说餐饮业是拉动消费的动能是毫不为过的。

那么，餐饮行业为什么会出现如此快速的增长呢？这主要得益于外卖行业的发展。美团点评研究院发布的《2017 年中国外卖研究报告》显示，2017 年，中国在线市场规模达 2046 亿元，同比增速为 23%，在线订餐人数约为 3 亿人次。

从上述数据不难看出外卖对餐饮行业的贡献，而且如果我们仔细观察就不难发现，越来越多的人开始习惯点外卖。而随着智能手机用户群体的不断扩大，在线订餐人数势必也会进一步增长。在这种形势下，外卖作为拉动消费的新动能，将对餐饮业发展，乃至国内 GDP 的增长起到越来越大的推动作用。

2.2.4 品牌集中化和两极分化并行

随着越来越多的品牌和店铺的加入，外卖行业竞争变得越来越激烈。而经过一番竞争之后，不同品牌之间有了一定差距。也就是说，越来越多的用户在选择某一品类时，会钟情于某个品牌或某几个品牌。

如图 2-15 所示为“美团外卖”App 中“麻辣烫冒菜”和“包子粥铺”的销量排行情况，从中不难看出，这两种品类中销量最高的店铺的月销售量比第二名的店铺月销售量的两倍还要多。这就是品牌集中化的一种体现。

图 2-15 “美团外卖”App 中“麻辣烫冒菜”和“包子粥铺”的销量排行情况

紧跟着品牌集中化出现的是发展的两极化，经营得好的店铺会越来越好，如

图 2-16 所示为“美团外卖”App 和“饿了么”App 中“美食”品类销量前几名的店铺。

图 2-16 “美团外卖”App 和“饿了么”App 中“美食”品类的销量前几名的店铺

从图 2-16 不难看出，“毛氏饭铺”和“大米先生”这两家店铺在“美团外卖”App 和“饿了么”App 中的销量都是位居前列的。单在这两个平台上，这两家店的月销量便破万了。像这种销售火爆的店铺，通常拥有大批忠实消费者，而这样一来，这类店铺的消费者还将不断累积，其经营状况很可能会越来越好。

在市场竞争中，向来有人欢喜有人忧。如图 2-17 所示为“美团外卖”App 和“饿了么”App 中“美食”品类的销量后几名的店铺。可以看到，同样是美食类，可能有的店铺月销售就几十单、几单，甚至一单都没有。

像这种经营状况不是太好的店铺，还需要承担门面租金、员工工资和食材费等成本，如果单纯只做外卖的话，根本入不敷出。在这种情况下，有的店铺可能坚持不了多久就只能选择关门了。

2.2.5 小而精的单品品牌快速崛起

随着越来越多的店铺的加入，外卖市场开始变得越来越热闹，与此同时，因为提供的商品和服务的重叠，市场中的同质化现象越来越严重。店主们逐渐明白，与其花费大量的时间、精力来尽可能全面地为消费者提供各种商品，不如以某一品类为突破点，做一个小而精的单品品牌。

图 2-17　“美团外卖”App 和“饿了么”App 中“美食”品类的销量后几名的店铺

显然市场上有这种想法的店主不少，因此，我们会发现外卖市场上小而精的单品品牌越来越多，也有很多品牌凭借看似简单的餐点，以其独有专业性，收获了大量的订单。

例如，“满口香煲仔饭”虽然只是为消费者提供煲仔饭的一家店，但是其在“美团外卖”App 中的销量却超过了 9999。如图 2-18 所示为该店在“美团外卖”App 中的相关界面。

图 2-18　满口香煲仔饭在“美团外卖”App 中的相关界面

再如“1 點點”这种为消费者提供果汁、奶茶的店铺，在“美团外卖”App中的销量也能超过 3000+单。如图 2-19 所示为该店在“美团外卖”App 中的相关界面。

图 2-19　1 點點在“美团外卖”App 中的相关界面

> **▶ 温馨提醒**
>
> 对一家店铺来说，外卖的品类不在多、而在精。我们与其想着满足用户的所有需求，不如重点从用户的某一需求入手，为用户提供可以满足这一需求的各类商品和服务。
>
> 一方面，可以让店铺自身更加集中精力于某一品类，为消费者提供更好的商品和服务；另一方面，在消费者看来，当店铺只做一类商品和服务时，这家店铺在该品类中很可能就是相对专业的。这样一来，消费者对店铺的信任度会相应地增加，而选择在该店铺消费的概率也将有所提高。

2.3　商家面临的机遇和挑战

随着生活节奏的加快，人们越来越觉得时间不够用，甚至觉得花上几个小时去附近的餐厅吃一顿饭，都是一种对时间的极大浪费。而外卖的出现，就正好适应了人们缩短用餐时间的需求。另外，外卖的送餐上门，以及费用相对较低等特点，也让越来越多的人觉得吃外卖是一种不错的选择。

随着人们消费观念的转变，外卖在近几年得到了飞速发展。而经过一段时间的发展之后，店铺店主们逐渐发现，外卖市场虽然充满了机遇，但是要想在这个市场占得一席之地还是会面临不少的挑战。

2.3.1　外卖逐渐变成两个平台的争霸

如果要入驻一个外卖平台，我应该选择哪一个呢？相信这是一个困扰大多数准备进入外卖领域的店铺店主的问题。其实，在回答这个问题之前，我们需要做的就是对外卖市场进行分析，看哪个平台更适合自己。

纵观国内的外卖平台，目前知名度比较高的包括美团外卖、饿了么、百度外卖、到家美食会、口碑外卖、麦乐送、KFC 宅急送和必胜客宅急送等。这些平台除了麦乐送、KFC 宅急送和必胜客宅急送专门配送自家品牌的商品，其他平台都是可供一般店铺入驻的。

根据《中国共享经济发展年度报告（2018）》的数据，美团外卖以 62% 的市场份额稳居外卖行业首位。而伴随着 2017 年饿了么合并百度外卖，一方面，饿了么在行业内的影响力和实力不断增强；另一方面，外卖市场上很难再出现能与美团外卖和饿了么抗衡的外卖平台，由此逐渐出现了美团外卖和饿了么这两个平台争霸的场面。

▶ 温 馨 提 醒

对店铺店主来说，选择一个外卖平台的主要依据是这个平台的流量。流量越大的平台，其潜在消费者的基数相对来说就越大。而且如果一个外卖平台能够长期在市场上占据一定份额，就说明该平台的用户是具有一定黏性的。

由此看来，美团外卖和饿了么对商家们来说都是不错的入驻平台。虽然这两个平台存在明显的竞争关系，但并不妨碍商家同时入驻两个平台，凭借自己的商品和服务在外卖市场赚得一桶金。

2.3.2　外卖平台大幅减少红包和补贴

随着外卖平台的集中化，各大外卖平台开始收紧红包和补贴。而这一举措就导致了一部分消费者下单越来越纠结。一方面，如果红包不用掉可惜了；另一方面，如果为了使用红包而购买一些不需要的东西，又会觉得没有必要。

在这种情况下，店铺店主需要做的就是通过价格方面的设置，让消费者用上红包，通过一定的优惠来刺激消费者进行消费。如图 2-20 所示为“美团外卖”App 向用户发放的一个红包，接下来，作者就以该红包为例，对红包的使用进行解读。

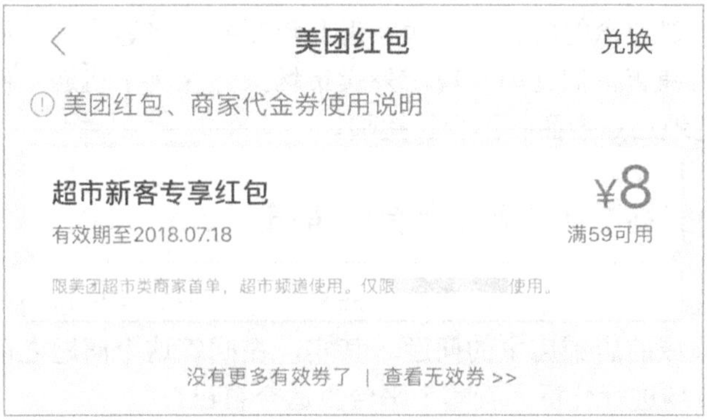

图 2-20 “美团外卖”App 向用户发放的一个红包

步骤 01 从图 2-20 可以看出，该红包是“超市新客专享红包”，所以，我们要用这个红包就需要单击“美团外卖”App 中的“美团超市”选项，选择正确的消费品类，如图 2-21 所示。

步骤 02 操作完成后，进入“美团超市”界面，在该界面中选择需要消费的超市，如图 2-22 所示。

图 2-21 选择“美团超市”

图 2-22 “美团超市”界面

步骤 03 进入超市，选择商品。因为红包是满 59 元可用的，所以，我们需要凑足 59 元，然后单击右下方的“去结算”按钮，如图 2-23 所示。

步骤 04 执行操作后，进入订单界面。可以看到，此时在该界面中显示“合计 65.6 元”，而“美团红包”一项则显示“1 张可用”。此时需要做的就是单击“1 张可用”所在的位置，如图 2-24 所示。

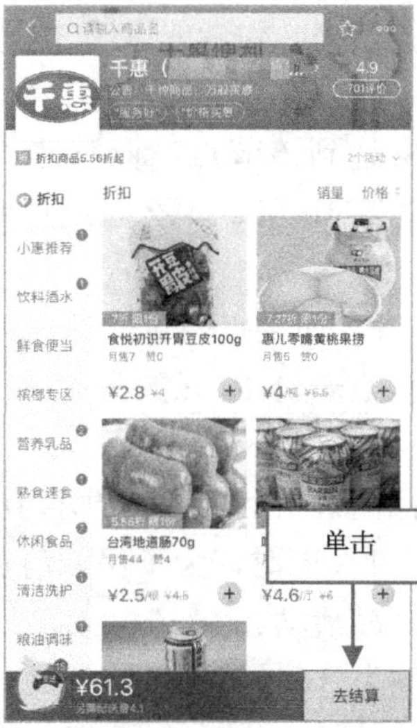

图 2-23　凑单并单击“去结算”按钮

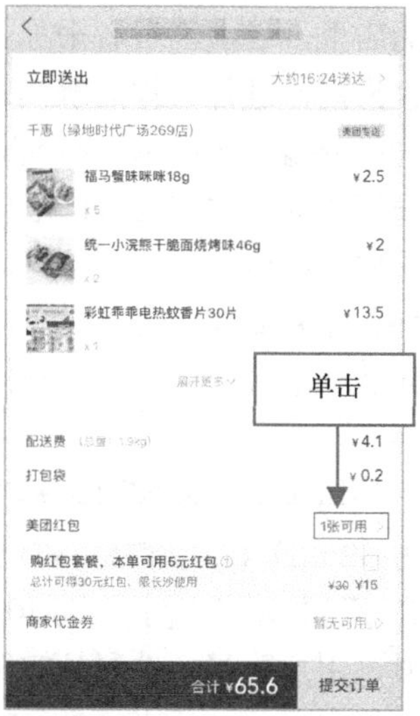

图 2-24　单击“1 张可用”所在位置

步骤 05　操作完成后，页面跳转至“美团红包”界面。在该界面中选择需要使用的红包，如图 2-25 所示。

步骤 06　选择完成后，页面将跳转至订单界面。可以看到，此时“美团红包”一栏，显示“-¥8”，如图 2-26 所示，与此同时，下方的费用也由原来的 65.6 元变成了 57.6 元，这就说明红包选择成功，只要用户提交订单便可以使用该红包了。

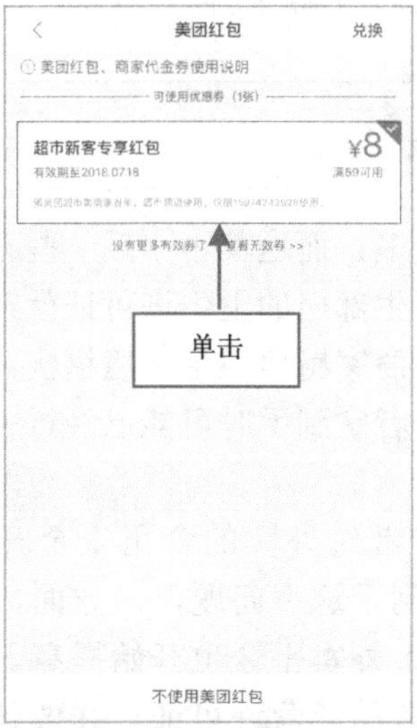

图 2-25　“美团红包”界面

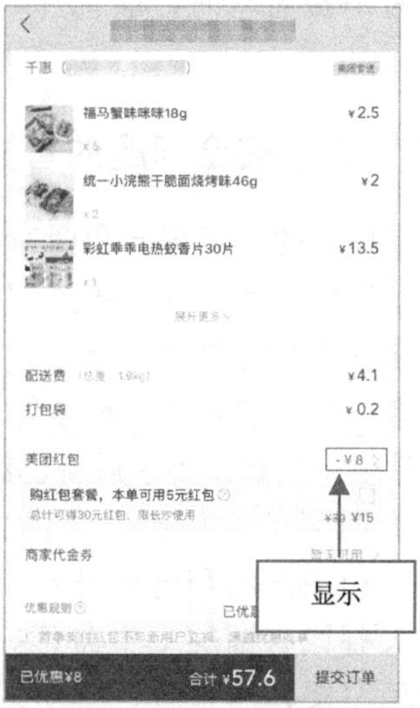

图 2-26　红包选择成功

红包的使用决定权始终在消费者的手上，那么，商家如何让消费者将红包用在自己的店里，吸引消费者来你的店铺消费呢？接下来，作者就以满 30 减 4 元的满减红包为例，进行具体的解读。

首先，商家需要计算一个保本点，只有价格达到该节点，商家才不至于亏本。假设某店的保本点为 11 元，其平均消费价格为 16 元。那么，用户要使用该红包就需要点两份餐。

然而，事实却是，很多人可能只是一个人用餐，如果点两份的话，就会因为吃不完而造成浪费。而且为了一个 4 元的红包，多点一份 16 元的餐点，也会觉得有些划不来。

在这种情况下，商家可以转变策略，先将餐品的价格翻倍（将原本 16 元的餐品定价为 32 元），让价格可以满足红包的使用条件。同时，为了保障消费者的利益，再在店铺内增加一个“满 30 元减 10 元”的满减活动。

此时，用户购买一件餐品实际需要支付的金额为 16（32−10−4）元，而商家的保本点为 11 元。因此，采取该方式，商家每份订单实际可以获得的收益为 5（16−11）元。

值得一提的是，商品的定价对用户的消费行为将产生极大的引导作用，商家在定价时既要考虑自身利益，也要注意不能让消费者觉得你这是在“宰”他（她）。而上述做法的好处就在于，不仅让消费者使用红包，获得了优惠，还让消费者觉得用 16 元买到了 32 元的东西，比较划得来。

而这会让消费者对店铺产生物美价廉、物有所值的印象，这样一来，消费者在下次有消费需求时，会优先考虑你的店铺，而相应店铺也将因此获得持续的订单。

2.3.3 食品安全问题的管控日趋严格

由于市场上的外卖平台和商家数量相对较多，而这其中不乏一些存在安全隐患的商家。例如，有的商家甚至都没有取得卫生部门的卫生许可证就在网上开店了，其从业者也没有办理健康证。另外，有的商家厨房卫生环境堪忧，而餐品更是在消费者下单之前就早早地做好了，等消费者拿到手时可能已经过去了比较长的时间，甚至一些餐品到手后就已经变质了。

正因为遇到了各种不卫生的问题，消费者对外卖的食用安全开始产生怀疑。而国家相关部门和各大外卖平台也注意到了这个问题，一方面，相关部门加紧对各大餐饮店铺的卫生监管。另一方面，外卖平台也开始提高入驻门槛，店铺只有填写实体店地址、提供店铺照片和食品经营许可证，并做到“三证合一”（工商营业执照、组织机构代码证、税务登记证合一），才能通过外卖平台的审核。

另外，消费者对食品安全的重视程度也在不断提高，当消费者遇到食品安全问题时，可能会向外卖平台和相关部门反馈情况。在这种情况下，外界对外卖店铺的食品安全监管日趋严格，一家店铺要想生存下去，就必须为消费者提供安全、健康的食品。

> **▶ 温 馨 提 醒**
>
> 外卖店铺，特别是向消费者提供食品的外卖店铺，食品的安全可以说是立店的根本。一方面，相关部门对食品安全的监管比较严格，如果存在严重的食品安全问题，很可能会面临被迫关店的处罚。另一方面，每个消费者都希望自己购买到的食品是安全、卫生的。当消费者在该的店铺消费时，实际上就是对该店铺的信任。如果消费者拿到食品之后发现有安全问题，那么，消费者会给店铺贴上食品安全不达标的标签。如此一来，店铺就很难再获得消费者的信任了。

2.3.4 纯外卖品牌要成功越来越难了

很多店铺和品牌之所以会选择做外卖，一方面是看到了外卖行业的良好发展态势，认为做外卖是大势所趋；另一方面也是想要通过在外卖平台上开店的方式，在外卖市场中“分得一杯羹”。

然而事实却是，如果一家店铺或品牌只单纯做外卖的话，要获得成功变得越来越难。这主要有两方面的原因。

一方面，随着越来越多的店铺和品牌的加入，外卖市场日渐饱和，而消费者的选择也在不断增多。

同样是煲仔饭，消费者既可在“饿了么”App 中的“煲仔烧腊”版块中选择，也可以在“美团外卖”App 的“煲仔饭”版块中选择。如图 2-27、图 2-28 所示分别为“饿了么”App 的“煲仔烧腊”版块和“美团外卖”App 的“煲仔饭”版块。很显然，这两个版块都能满足消费者对煲仔饭的需求。

这就导致了平台流量的分散，如果纯外卖店铺或品牌只入驻了某一个外卖平台，就相当于失去了许多获得订单的机会。而即便在同一个外卖平台中，某一品类可能也有多家店铺在提供服务。另外，随着外卖店铺的增多，纯外卖店铺在同一平台获得订单的概率有可能会出现一定程度的下降。

例如，在作者所在的位置打开“饿了么”App，单击“生鲜果蔬”版块，便能看到 100 多家店铺。如图 2-29 所示为“饿了么”App 中“生鲜果蔬”版块的部分店铺的相关界面。

我们都知道“生鲜果蔬”的店铺在外卖的所有品类中并不算最多的，但就这方圆 10 千米左右的地方，却聚集了 100 多家店，而且还有新店不断进入。其他品类竞争的激烈性也就可想而知了。

图 2-27 “饿了么”App 的“煲仔烧腊”版块

图 2-28 “美团外卖”App 的“煲仔饭”版块

图 2-29 “饿了么”App 中“生鲜果蔬”版块的部分店铺的相关界面

另一方面，餐饮业一直以来就存在“三高一低”（房租费用高、人工成本高、税费高、利润水平低）的现象，这就直接导致店铺需要达到一定的订单量才可保本。单纯依靠线上销售的纯外卖品牌，因为很难在线下培养忠实的消费群体，所以，在线上进行销售时，也很难被消费者信任，以至于大多数纯外卖品牌的订单量都难以提高。

在这两方面的影响下，纯外卖品牌的线上销售需要面临激烈的竞争，而线下又没有搭建销售渠道。因此，在外卖行业日渐发展的大形势下，这些纯外卖品牌要获得成功越来越难了。

2.3.5 “新餐饮”为外卖带来新可能

在看到这个标题后，有的读者可能会有疑惑，大家都在说“新餐饮”，那究竟什么是“新餐饮”呢？其实，我们只要将餐饮业发展的几个阶段弄清楚，就能很好地把握“新餐饮”了。具体来说，中国餐饮业的发展大致经历了 4 个阶段，接下来作者分别进行简单的说明。

1．第 1 阶段：消费价格为王

在生产水平相对较低的年代，人们的生活水平也相对较低，手上没有太多钱用于餐饮消费。大多数人在餐饮方面的消费可能就是买些食物填饱肚子。由于手上的钱不多，因此，人们在消费时都会特别在意餐点的价格。有的人在消费之前可能会货比多家，只为了买到相对便宜的餐点。

在这个阶段，餐厅等餐饮服务平台本身能够提供的餐点也比较有限，对消费者来说餐厅能提供什么就买什么。当然，如果消费者对某一类餐点的需求相对较高，餐厅也会顺应消费者的需求，适当增加供应量。

2．第 2 阶段：消费选择增多

随着生活水平的提高和人们就业观念的改变，一方面，人们有了更多可用于消费的资金；另一方面，作为第三产业的餐饮业越来越受到国家的重视，许多人开始开餐厅，自己当老板。

在这个阶段，餐厅的数量大幅增加，人们在消费时对价格的在意程度出现了一定程度的减弱。因此，随着可供选择的餐厅的增多，人们在消费时也会根据自己的喜好进行选择。

3．第 3 阶段：消费注重个性

互联网的发展让越来越多的人开始了网上消费，而借助网络，人们的消费选择再次增多。在这种情况下，很多时候人们已经不是为了消费而消费，而是希望在消费过程中获得更好的体验。

在这个阶段，人们消费时会看餐点的“品相”、其他人对餐点的“评价”，如果觉得适合自己才会下单购买。而在这种个性消费观念的引导下，越有特色的餐点越容易杀出重围。这也是为什么有的所谓的“网红食品”虽然看上去“怪怪的”，却能卖得脱销。

4．第 4 阶段：“新餐饮”到来

简单来说，“新餐饮”就是店铺和品牌以互联网为依托，借助大数据和人工智能等技术，对餐点生产、销售等过程进行升级改造，从而打造线上、线下深度融合的新运营模式。

伴随着大数据和人工智能的发展，再加上小程序等的出现，店铺对生产、销售的升级改造变得越来越有据可循，线上、线下的融合也进一步加深。可以说，“新餐饮”正在一步步地到来。

在这个阶段，商家和消费者的心理距离开始不断拉近，商家越来越能了解消费者的需求，而在更好地满足用户需求的同时，开始寻求更好的经营模式。消费者的消费体验也不断提高。

值得一提的是，小程序的出现和发展对于外卖店铺的发展可以说是意义重大的。这不仅因为小程序能为外卖店铺增加销售渠道，更为关键的一点是，店铺可以打造自己的小程序，让附近的消费者看到自己的店铺。

小程序专门设置了“附近的小程序”版块，只要店铺的小程序上线并开启了“附近的小程序”功能，那店铺附近的消费者便可以看到该店铺。如图 2-30 所示为“附近的小程序”的相关界面。

图 2-30 “附近的小程序”的相关界面

从图 2-30 可以看到，在“附近的小程序”中列出了店铺的相关信息，如果店铺提供线上服务，消费者就可以直接进入小程序下单；如果没有提供线上服务，消费者也能够根据店铺提供的地址，以及小程序中的导航在线下找到该店铺。这样一来，通过小程序，店铺的线上、线下融合便会进一步加深。

第3章

开店：你知道怎样经营一家外卖店铺吗

读前提示

虽然外卖领域潜力巨大，但是，开一家外卖店铺容易，要想成功运营，通过外卖赚得一桶金却并不是那么容易的一件事。

这一章作者就从开店准备、出餐管理、成本控制和平台规则这 4 个方面，帮助大家更好地运营一家外卖店铺，增加运营的成功率。

要点展示

3.1 开店前需要做好这些准备工作

3.2 做好出餐管理，有效提高收入

3.3 严格控制成本，留足利润空间

3.4 牢记平台规则，避免造成损失

3.1 开店前需要做好这些准备工作

套用一句歌词，“外卖不是你想做，想做就能做。”外卖开店是一个系统工程，在正式开始之前，我们需要先做好准备工作，只有这样才能更好地了解开店的相关工作，提高运营的成功率。

这一节作者就从熟悉外卖开店的基本流程、掌握外卖开店的相关准备和了解外卖平台的入驻方法这 3 个角度切入，帮助大家了解开店前需要做好哪些准备工作，让开店有的放矢。

3.1.1 熟悉外卖开店的基本流程

对大多数商家来说，自己做外卖平台需要耗费大量的资金和时间，而且即便做成了，也不一定能获得足够的流量。因此，大多数商家还是会选择入驻第三方外卖平台。

那么，入驻第三方外卖平台的基本流程又是怎样的呢？接下来，作者就来对开外卖店的步骤进行介绍。

1．选择菜品品类

每个人的时间和精力都是有限的，谁也不可能把所有的餐点品类都做全。在正式入驻外卖店铺之前，我们需要先选择要做的餐点品类，决定店铺的主要菜品，做好店铺的基本定位。

在此过程中，店铺店主需要结合市场需求和自身实际情况。关于菜品选择的相关问题，将在第 5 章进行详细介绍，在这里就不再赘述了。

2．选择外卖平台

一家店铺的外卖做得好不好，在很大程度上取决于店铺选择的外卖平台。如果商家选择的是流量较大的外卖平台，那么获得订单的概率相对来说更高，订单量也会更大一些。

纵观国内外卖市场，美团外卖和饿了么无疑是最具影响力的两个外卖平台。商家在选择外卖平台时，可以重点考虑这两个平台。需要说明的是，不同外卖平台对商家的入驻要求是不尽相同的，商家在选择外卖平台时需要充分考虑各平台的入驻要求，看自己更适合入驻哪个或哪些平台。

3．准备相关资料

前面已经提到，不同外卖平台需要准备的入驻资料也是不尽相同的。商家只有按要求提供资料，才能更顺利地通过审核。接下来，作者就以美团外卖和饿了么为例，具体解读入驻外卖平台需要准备的资料。

商家入驻美团外卖需要准备的资料主要包括线下实体店开店证明、国家法律规定的经营许可证件（如营业执照、各类许可证和特许证件）。

商家入驻饿了么需要准备的资料主要包括线下实体店开店证明、店内照片、门店 Logo、营业执照、餐饮许可证等。

4．进行资质审核

根据外卖平台的要求提供相关资料，并填写收款银行及卡号等信息之后，接下来商家需要做的就是等待审核结果。通常来说，审核通过后，外卖平台会通过短信通知商家并进行签约。

5．上线开店运营

通过审核只表示商家拥有入驻外卖平台的资格，而要在外卖平台上开店运营，商家还需要设置店铺商品等相关信息。设置完成后，相当于打开了外卖的大门，接下来需要做的就是等待消费者上门了。

▶ 温馨提醒

在入驻外卖平台前，商家还需要了解入驻的相关费用。每个外卖平台收取的费用不尽相同。例如，商家入驻美团外卖是不需要支付任何费用的。除此之外，商家也可以详细了解外卖平台的其他资费信息。如图 3-1 所示为美团外卖“资费查询”的相关界面。

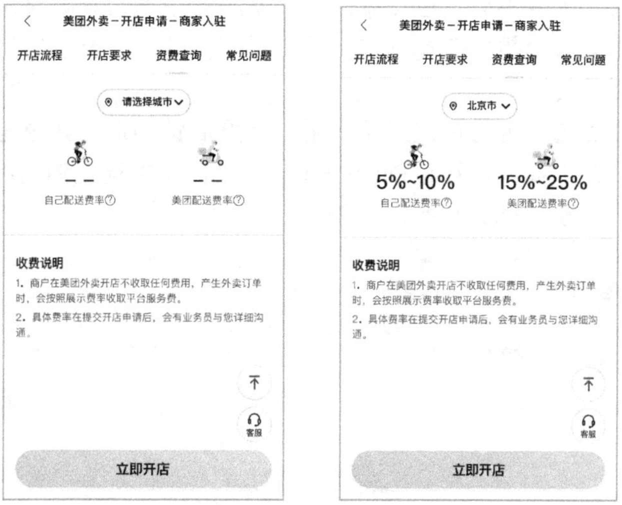

图 3-1　美团外卖“资费查询”的相关界面

3.1.2　掌握外卖开店的相关准备

熟悉开店基本流程后，接下来商家就可以开始着手进行开店的相关工作了。一般来说，要开一家外卖店，需要重点做好两方面的准备，一是心理准备，二是资金准备。

在做外卖的过程中，商家可能需要面临很多考验。一方面，如果经验不够，商家可能要面临较大的风险；另一方面，商家需要处理的工作较多，累是免不了的。所以，在正式开店之前，商家需要评估自己的心理承受能力，做好心理准备。

除此之外，商家要想开外卖店，可能需要先在线下开一个实体店。我们都知道开实体店是需要一定成本的，店铺房租、员工工资和食材费用这些都是成本。因此，商家还需要做好资金准备，在准备足够资金的同时，也要做好店铺的成本控制。

具体来说，商家在正式开店前，需要重点做好 3 方面的准备工作，具体如下。

1. 选好店铺地址

前面我们已经提到，现在大多数外卖平台的入驻条件之一就是店铺要拥有线下实体店。所以，选择店铺地址就成为许多想要入驻外卖平台的商家必须要做好的一项工作。

当然，和传统餐厅不同，大多数做外卖的店铺可能倾向于做线上销售，即便线下没有很多人光顾也不会太过在意。但外卖平台中通常只会显示距用户较近的店铺。因此，如果店铺想要获得发展，还得尽可能地让自己的店铺开在目标消费群体相对密集的区域。

另外，店铺的选址也将决定房租费用，做好店铺的选址，也是控制成本的一项有效举措。对此，商家可以借助一些选址工具，增加选址的精准度。如图 3-2 所示为“美味不用等”开店选址工具的相关界面。

图 3-2　“美味不用等”开店选址工具的相关界面

2. 做好店面装修

店铺选址完成之后，商家就可以开始动手打造自己的店面了。一般来说，外卖商家需要做好两方面的店面装修，一是实体店铺的店面装修，二是线上销售平台的店面装修。

好的装修可以吸引消费者前来光顾，为店铺加分不少。这对于需要兼顾线下销售的店铺尤其重要。人们在线下消费时，会将店铺的装修作为一个重要的参考项。如果一家店铺装修得很有品位，消费者的消费需求也会适当增加。

另外，当人们在实体店铺中用餐时，店铺的装修也会影响整体的用餐体验，并且这种体验将会对消费者产生深远持久的影响。如果第一次的体验很好，消费者以后可能会经常光顾店铺。反之，如果第一次的体验是糟糕的，那么，消费者很可能会将店铺加入黑名单。

3．组建外卖团队

从接单到送出外卖，这其中包含了多个环节，如果商家处理不当，就会出现接单不及时、餐品配置不齐、配送不及时等问题。因此，为了更好地为线上消费者服务，商家需要组建外卖团队，将相关工作进行细化。

需要说明的是，外卖团队体现的是店铺的形象，所以，商家需要对其中的员工，特别是客服人员、配送人员等直接与消费者接触的人员进行相关培训。因为这些人的素质将对消费者的消费体验产生很大的影响。

3.1.3　了解外卖平台的入驻方法

开店准备完成后，商家接下来要做的就是选择开设店铺的平台，并准备好相关资料进行入驻。根据注册渠道的不同，外卖平台通常有两种入驻方法：PC 端入驻和移动端入驻。

商家要入驻外卖平台，最关键的一点是找到入驻的入口。通常情况下，在各大外卖平台的 PC 端和移动端中都设有专门的入驻版块。如图 3-3、图 3-4 所示分别为饿了么 PC 端和美团外卖移动端入驻版块的相关界面。外卖平台的具体入驻步骤将在第 7 章中进行详细解读，在这里作者就不再赘述了。

图 3-3　饿了么 PC 端入驻版块的相关界面

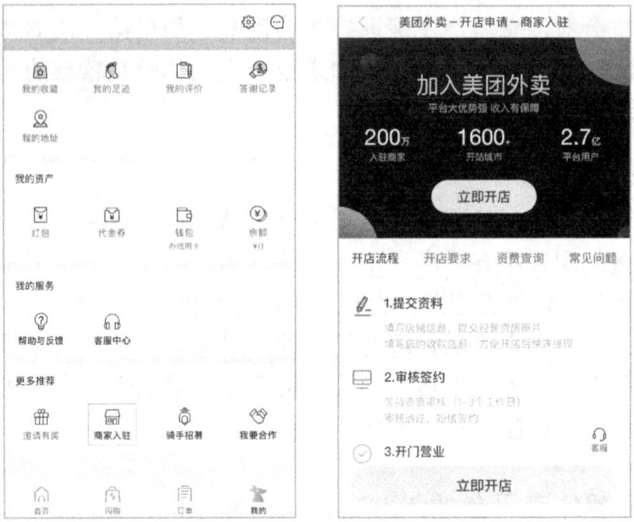

图 3-4　美团外卖移动端入驻版块的相关界面

3.2　做好出餐管理，有效提高收入

外卖的出餐速度对商家和消费者都是有影响的。从商家的角度来看，出餐速度越快，在同等时间内能够完成的订单越多；而从消费者的角度来看，商家出餐速度越快，就能越早拿到自己的餐点。

以上两点对商家来说，能够达到的效果是一致的，那就是增加订单量，有效地提高店铺的营业收入。当然，要做好出餐管理，还必须重点做好以下 3 项工作。

3.2.1　对后厨动线进行合理规划

动线是建筑和室内设计方面的概念，简单地理解，动线就是人在室内外移动的点连接形成的线条；而在外卖行业中，动线往往特指后厨动线。后厨动线的设计对外卖行业来说意义重大，一方面它直接关系到厨房设备的使用，另一方面也会影响店铺的整体运营效率。

那么，如何更好地进行后厨动线的设计呢？作者认为在进行后厨动线设计的过程中，商家可以重点把握 3 大原则，具体如下。

1. 岗位独立原则

在后厨动线的设计过程中，需要设置不同的岗位，并明确各岗位的主要工作内容。而且需要尽可能地保证岗位的独立性，让员工可以独立、高效地工作，减少时间浪费。

2．触手可及原则

基于岗位的独立性，每位员工只需做好特定的工作即可。所以，为了保证各岗位都能更加高效地工作，应该遵从触手可及的原则，即将各岗位需要频繁用到的物品放在其触手可及的地方，从而有效地减少寻找物品的时间。

例如，打包岗位的工作地点应该方便员工快速拿到打包餐盒，并且快速盛装菜品和米饭。这样做的好处就在于，员工可以快速找到自己需要的东西，从而保证工作效率。

3．流程生产原则

在餐品的生产、打包和配送过程中，商家需要结合自身实际情况和相关经验制定一套完整的生产流水线。一方面，可以给员工一个参照标准；另一方面，也可以让员工对自己要做的事情更加熟悉和关注，从而增加不同岗位之间的配合默契度。

3.2.2 制定标准化的生产流水线

外卖涉及的相关工作较多，要想制定标准化的生产流水线，还得对各项工作分别进行优化，全面提高出餐效率。一般来说，在制定生产流水线的过程中，需要做好 5 方面的优化工作，接下来作者就分别进行解读。

1．采购的优化

食材的采购是食品生产中非常重要的一个环节。一方面，食材的采购价格直接关系店铺的运营成本，从而影响店铺的营业收入；另一方面，食材的质量决定食品的口味，从而影响消费者的食用体验。

在食材采购的过程中，商家需要明白的一点是，虽然成本控制很重要，但食品的质量才是店铺立足的根本，要对供应商、原材料品质和存储环境进行标准化管理，不符合标准的食材千万不能购入。

2．厨具的优化

厨具的优化主要包括两方面的内容，一方面是规格，特别是计量类厨具的规格，一定要符合标准。这主要是为了保证烹饪过程中配料分量的准确性，从而确保烹饪出来的菜品保持应有的味道。另一方面是卫生。因为厨具是与食物直接接触的，而食物又是直接被消费者食用的。所以一定要注意厨具的卫生，切不可因为厨具不够卫生造成食材的污染，影响菜品的口味和消费者的食用体验。

3. 生产的优化

食物的生产，或者说食物的制作，是整个生产流水线中最重要的一个环节。因为食物的味道是消费者对店铺评价最重要的一项依据。如果食物的味道符合消费者的口味，那消费者会对店铺留下好感，成为回头客；反之，消费者会给店铺差评，并将其加入黑名单。

虽然谁也无法做到让食物符合每个消费者的口味。但是，商家应该保证食物都是参照一定的标准来制作的，每一次烹饪都严格按照相关标准来操作，用心为消费者生产。

4. 包装的优化

包装的优化包括两个方面。一是包装的设计。商家应该根据自身的需求和商品的特点，对包装进行设计。这既可以加深消费者对店铺的印象，也能提高消费者的用餐体验。二是包装的过程。商家必须对包装过程进行严格把关，一定要保证餐点的密封工作做到位，千万不能出现因为包装不到位而造成菜品汤汁漏出的现象。

5. 配送的优化

虽然商家都希望自己可以尽可能多地获取订单，但必须考虑店铺与消费者之间的距离。因为如果距离过远，配送的时间将相对较长，其间可能发生的变数也会相对较多，送餐不及时的可能性也会相对较大。

另外，对于自己安排员工配送的店铺来说，当距离较远时，配送时间过长会导致整体配送效率的下降及人力成本的增加。因此，商家应该根据自身实际情况设置配送范围，从而提高配送的整体效率。

3.2.3 建造更为合适的外卖厨房

与传统餐厅不同，外卖店铺可能并不需要为消费者提供太多的用餐区域。甚至对一些外卖店铺来说，店内的所有设施都是为外卖服务的，那么，外卖厨房的建设对这些店铺来说就显得尤为重要了。

因为外卖店铺的大部分工作都是直接在外卖厨房中进行的，所以，建造更为合适的外卖厨房，提高出餐的速度就成为许多外卖店铺的当务之急。通常来说，外卖厨房的建造需要重点考虑 4 方面的内容，具体如下。

1. 设计存储空间

大多数外卖店铺的线下实体店可能只有几十平方米，但在有限的空间里，却要保证在饭点能够做出数百份餐点。这就要求商家要合理利用店铺的空间，确保店铺的出餐效率。

一般来说，在用餐高峰期，可能会有大量消费者购买同一餐点。如果商家预估不准确，就会造成餐点供应不足的情况。此时，如果临时去补货，很可能会造成送餐不及时。除此之外，在高峰时段如果空间设计和人员分配不合理，非常容易造成人员的碰撞，影响出餐的整体效率。

所以，商家需要对店铺的存储空间进行合理设计和充分利用，一方面，要储备足够多的食材，确保在高峰时段也有食材可用；另一方面，也需要对人员的活动空间进行规划，减少高峰时段人员的碰撞。

2. 选择生产设备

在外卖厨房中，生产设备是主角。首先，要保证出餐的效率，就必须保证生产设备的数量，生产设备在外卖厨房中应当占据较大的空间；其次，不同的生产设备，可能会直接影响出餐的效率。商家如果要提高运营能力，就必须重视生产设备的选择。

对此，商家在建设外卖厨房的过程中，应尽可能地选择定制生产设备，而非直接购买。这不仅可以让商家更好地规划店铺空间，提高空间利用率；还能选择更适合自身实际情况的生产设备，在一定程度上提高生产效率。

3. 合理规划菜品

对外卖店铺来说，厨房可用的空间本来就非常有限，如果还不合理规划菜品，势必会造成烹饪整体时间偏长、店铺出餐速度难以提高、店铺接单量不足等问题。

其实，外卖店铺应该是分秒必争的，要想获得更大的成功，就必须充分利用好每一秒。因此，在规划菜品时，需要对菜品的烹饪时间进行评估，如果一个菜品的烹饪时间过长，那为了保证出餐效率，就应该将其舍弃。

4. 合理设置岗位

外卖包含的相关工序是比较复杂的，而且每一个工序都将决定菜品的味道和消费者的食用体验。因此，商家有必要对外卖的相关岗位进行合理设置。

一方面，制定标准化的生产流水线，满足食品生产正常进行的要求；另一方面，有效配置人员，提高人员配合默契度也是一项必要举措。

3.3 严格控制成本，留足利润空间

虽然商人做生意大多都是为了赚钱，但不得不说，外卖这门生意可能并没有想象中那么好赚钱。这主要因为外卖市场日趋饱和，消费者的选择空间越来越大，如果价格过高，消费者很可能不会买账。

所以，在这种情况下，获得价格上的优势便成为许多商家的目标。对此，商家需要明白，与其一味地提高商品价格，增加单次利润，不如通过控制成本，薄利多销。一般来说，控制店铺运营成本需要做好 3 方面的工作，即了解店铺成本的基本构成，掌握店铺成本的控制技巧，以及掌握外卖菜品的定价方法。

3.3.1 了解店铺成本的基本构成

“不当家不知柴米贵”，许多不了解外卖行业的人，往往会忽略外卖店铺的部分成本。而我们如果要控制店铺的成本，就需要先了解其基本构成，只有这样才能做到有的放矢。

总的来说，店铺的常见成本主要包括 5 个方面，接下来，作者就分别进行简单介绍。

1. 房租成本

因为许多外卖平台的入驻条件包括店铺在线下必须拥有实体店，而对于大部分商家来说，自己可能并没有适合用作店铺的房产。这样一来，房租便成了一项绕不过去的成本。

当然，大部分纯外卖的店铺，不必像餐厅那样，必须开在人流量大的地方，店铺的面积通常也不需要太大。也就是说，纯外卖的店铺可能比实体店铺所需的房租费用少一些。

2. 原料成本

“巧妇难为无米之炊”，要做外卖，必须购买食材和配料，除此之外，可能还需要购置生产设备。而这些原料和设备，在店铺成本中占据的比例也是比较大的。

3. 人工成本

外卖要把东西做出来并送到消费者手中，涉及的工作包括采购、接单、制

作、包装和配送等。这些工作仅靠商家自己显然是不可能做到的。所以，许多商家都需要雇用一些员工，而这样一来，店铺便产生了一定的人工成本。

4. 配送成本

商家可以选择平台配送或自行配送，但无论选用哪种配送方式，都需要付出一定的配送成本。选择平台配送需要支付服务费，而自行配送的话，需要购买配送用的设备，以及支付配送员的工资，这些都是配送成本。

5. 推广成本

商家要想获得更多的外卖订单，就需要通过推广来提高知名度，让更多潜在消费者看到自己的店铺。而推广通常是需要资金支持的，例如，在外卖平台上打广告增加曝光率，肯定需要支付一定的费用。而且推广的力度越大，推广的成本也会越高。

3.3.2 掌握店铺成本的控制技巧

在外卖店铺的成本中，原料成本和人工成本无疑是占比较大，又不太好把握的部分。

下面，作者就介绍一些控制原料成本和人工成本的方法，以帮助大家更好地掌握店铺成本控制技巧。

1. 原料成本的控制方法

控制店铺原料成本的关键在于选择可靠的进货渠道，在保证原料质量的同时，控制数量和价格。具体来说，商家可以从 3 个方面寻求控制原料成本的突破口，具体如下。

（1）保证质量。虽然成本的控制很重要，但成本的控制应该建立在保证质量的基础上。对此，商家可以通过市场调研，了解各供应商的商品性价比，然后，从符合质量要求的商品中，选择价格相对较低的商品。这样不仅保证了原料的质量，还能从一定程度上降低成本。

（2）控制数量。在采购原料的过程中，商家应根据自身实际情况进行预估，控制采购的数量。商家应该要明白的一点是，在保证正常生产的同时，如果减少原料的浪费，成本自然而然也就减少了。

（3）控制价格。在作者看来，采购的目的就是用尽可能低的价格，购入生产必需的原料。所以，在采购的过程中，控制价格是商家必须重点把握的一项工作。对此，商家可以通过对市场行情进行研究，了解原料的价格变动，用相对较低的价格购入所需的生产原料。

2. 人工成本的控制方法

对外卖店铺来说，生产人员是提高生产力的重要条件。但随着人员的增多，人工成本也会相应增加。当然，只要商家合理配置人员，人工成本也能得到很好地控制。一般来说，商家控制人工成本可以参考如下 3 个策略。

（1）规划管理。在很多情况下，我们做一件事未能取得成功，可能并不是因为没有努力，而是因为没有做好规划管理。

进行人工成本控制也是如此。如果我们从一开始就对人工成本进行规划管理，那么，就会清楚地明白自己与目标还有多少差距，并且会有意识地减少一些不必要的支出，使最终结果符合初始规划。

（2）合理分配。人工成本的控制可以分为两部分，一是工资的控制，二是人员的分配。商家需要明白的一点是，把合适的人安排在合适的岗位，提高店铺的运作效率，就相当于是在控制人工成本。

对此，商家需要在雇用人工的过程中，针对不同的岗位设置具体要求，从而保证各岗位从业者的专业性，提高各岗位人工的工作效率。

（3）考核激励。作者认为，控制成本不是一味地降低支出，而应该是在增加收入的基础上降低支出，让整体成本得到控制。而在人工成本的控制过程中，给员工以工作动力就是增加收入的一种有效手段。

通常来说，商家可以利用绩效考核给员工压力，从而用压力刺激员工更勤奋地工作。或者给表现良好的员工一些奖励，引导其他员工更卖力地工作。借助一些考核和激励，提高员工的工作热情和工作效率。

3.3.3 掌握外卖菜品的定价方法

严格来说，菜品定价并不属于成本控制。但菜品定价需要根据成本来决定，而且菜品的定价也将直接决定商家的利润空间。因此，菜品定价方法是商家必须重点掌握的内容。

一个外卖商家要想长久生存下去，制定能够吸引消费者下单的价格绝对可以说是一个关键点。在给菜品定价时，商家需要学会一些菜品定价的方法，使得价格对消费者来说更具吸引力，具体如下。

1. 参考对手定价法

商家在给菜品定价时，需要研究消费者的消费心理。许多消费者在下单之前都有“货比三家”的习惯。如果是同类型的商品，大部分消费者可能更倾向于购买价格相对较低的那一个。

而参考对手定价的优势就在于，一方面，商家可以知道同类商品的市场行情，并据此控制自己的成本；另一方面，可以根据对手的价格，给自己的菜品定价，让自己的菜品在价格上占据一定的优势。

以皮蛋瘦肉粥的定价为例，在定价之前，商家可以先在外卖平台中搜索，查看该菜品的定价范围。如图 3-5 所示为在“饿了么”App 中搜索“皮蛋瘦肉粥”的结果，可以看到，除特价打折出售之外，该菜品的定价范围为 8～15 元。

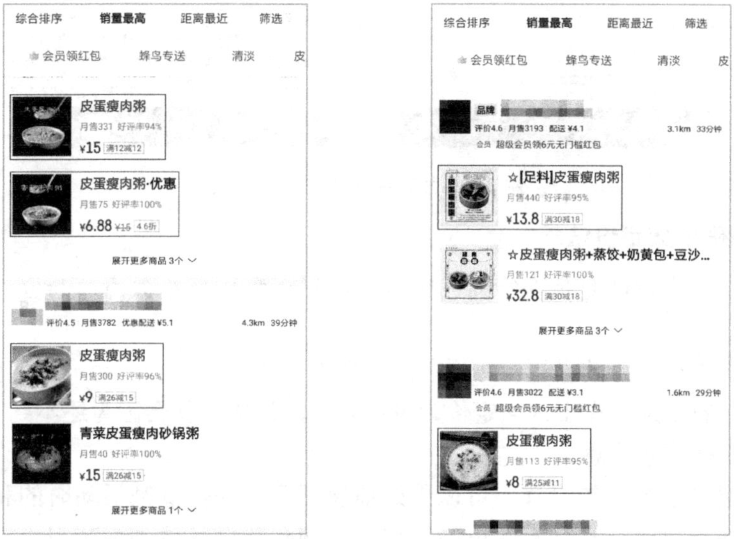

图 3-5　在“饿了么”App 中搜索“皮蛋瘦肉粥”的结果

所以，单从价格上来看，商家在给皮蛋瘦肉粥定价时，如果定在 8 元左右，便在价格上具有了相对的优势。当然，菜品定价还需考虑成本，如果成本相对较高，商家又要保持低价优势的话，可以适当控制菜品的分量。

2. 套餐绑定定价法

套餐绑定定价法是指将多种餐点组合成一个套餐一起出售的方法。在使用套餐绑定定价法的过程中，需要特别注意一点的是，组成套餐之后，定价应低于各商品原定价之和，让消费者看到套餐的优惠。

如图 3-6 所示为某店铺的“点餐”界面，可以看到该店推出了“两个汉堡任选 15 块”“两条肉卷 15 元”的套餐优惠活动。而在该店中，汉堡和肉卷的定价均为 10 元。也就是说消费者买套餐要比单买两个汉堡或肉卷便宜 5 元。这样一来，消费者在看到套餐的优惠之后，自然会更愿意下单购买。

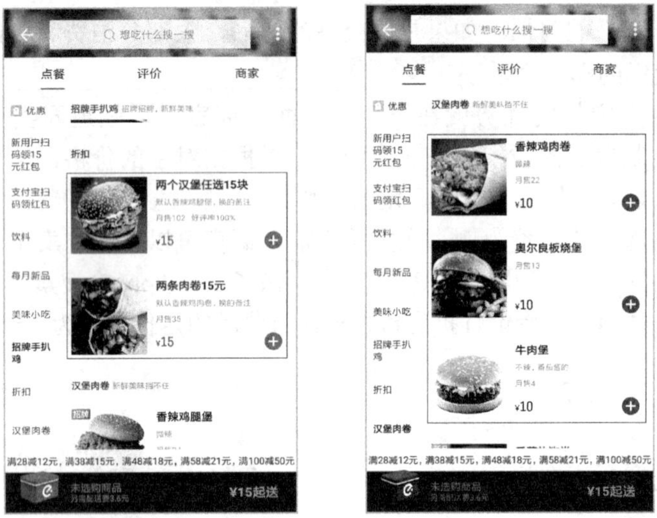

图 3-6　某店铺的“点餐”界面

3. 精确小数定价法

精确小数定价法是指在给商品定价时，尽量精确到小数点后一位。这主要有两方面的好处。

一是通过小数点的设置，可以刺激消费者下单。例如，一个产品定价 10 元和定价 9.9 元的差别就在于，当定价为 9.9 元时，消费者就会因为还不到 10 元而觉得该商品价格比较优惠。

二是通过小数点的设置，可以更好地保证商家在做满减活动时的利益。大部分消费者在下单时，都会有凑单的意识，当购买的商品达到满减门槛之后，便不会再选购其他商品。而通过小数点的设置，可以让总价与满减门槛差一点，从而使消费者为达到满减要求而多购买一件商品。当然，这样做也有一个缺点，那就是容易让消费者对商家产生反感，进而让消费者放弃下单。

3.4　牢记平台规则，避免造成损失

每个外卖平台都有其相应的规则，商家如果要想在外卖平台上正常运营，就必须牢记外卖平台的规则，这也是避免不必要损失的一种有效手段。这一节作者就给大家介绍一下在外卖平台中必须牢记的 4 大规则。

3.4.1　掌握店铺排名的秘诀

因为外卖平台中经营同类商品的店铺相对较多，而且消费者在选择店铺

时，往往也会选择排名相对靠前的店铺。因此，提高自身店铺的排名就显得尤为重要。

影响外卖店铺排名的因素有很多种，其中包括营业时间、经营品类、交易额、转化率、用户评价、店铺特色及新商家排名等。针对不同的因素，有不同的优化店铺排名的方法。

1. 营业情况

通常情况下，无论哪个外卖平台，都会将正常营业的店铺排在正在休息或接受预订的店铺前面。因此，为了提高店铺的排名，商家可以适当地延长店铺的营业时间。

2. 订单数量

订单数量是确定店铺排名的硬性指标，也是相对来说比较直观的一项指标。我们都知道，消费者在购买商品时一般会查看该店铺的销量情况。如果店铺的销量较高，就说明有比较多的消费者对该店铺是比较认同的，这样一来，消费者也会更加放心地在该店铺下单。

不仅如此，在大部分外卖平台中都有根据销量筛选出附近店铺的选项。如图 3-7 所示为“美团外卖”App 和“饿了么”App 中按销量筛选店铺的相关界面。

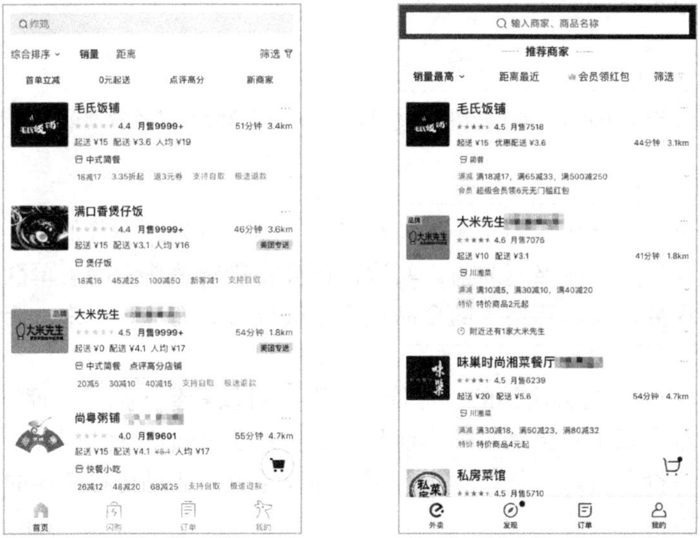

图 3-7 “美团外卖”App 和“饿了么”App 中按销量筛选店铺的相关界面

对此，商家可以通过提升店铺视觉效果、借助活动增加曝光度、打造特色的爆款商品和提高店铺口碑等方式，提高店铺的订单数量，给消费者留下一家店铺商品非常热销的好印象。

3．经营品类

经营品类主要从两个方面影响店铺的排名情况。一方面，如果外卖平台的用户频繁购买某一类商品，那么，经营该类商品的商家的排名就会比较靠前。另一方面，经营品类的排名还受到具体时段的影响。例如，在早上 8 点多的时候，大多数用户可能会选择米粉、粥等食物作为早餐。因此，主营该类商品的店铺的排名便会相对靠前。如图 3-8 所示为某日上午 9:30 时，“美团外卖”App 和“饿了么”App“推荐商家”版块的相关界面，可以看到排在靠前位置的都是提供早餐的店铺。

图 3-8　某日上午 9:30 时，“美团外卖”App 和“饿了么”App 中“推荐商家”版块的相关界面

4．店铺评分

店铺评分对店铺排名的影响表现在多个方面。首先，在其他条件相同的情况下，评分越高的店铺排名越靠前。其次，评分将影响消费者的下单欲望，毕竟很多消费者对评分过低的店铺中的食品也不是很放心。而这样一来，店铺的订单数量便会下降。

如图 3-9 所示为某店铺的“评价”界面，可以看到该店铺的商家评分为 4.7 分（在该平台上属于中上水平），而且有很多消费者给好评。因此，该店铺的新客户在看到评价之后，可能会提高对店铺的印象分，店铺可以获得的订单量势必也会有所增加。

5．新店特权

许多外卖平台为了增加新店的竞争优势，通常会在店铺刚入驻的一段时间（通常是 7 天）内，对店铺进行扶持，让店铺获得相对靠前的排名；但是，时间一过，这种特权便会消失。

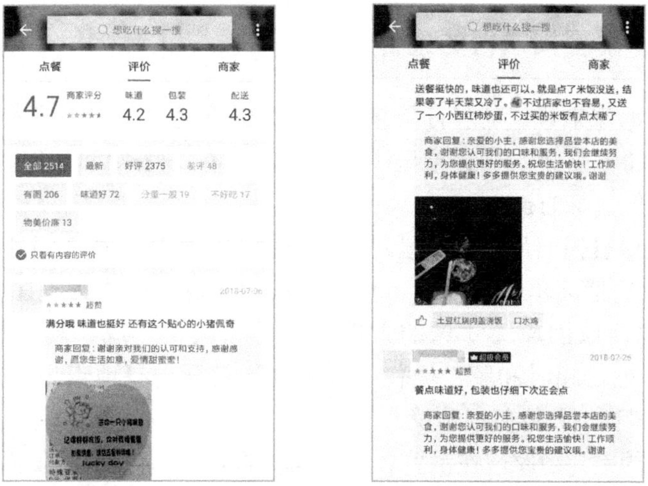

图 3-9　某店铺的“评价”界面

对此，商家可以通过各类活动，增加店铺的曝光率，充分利用新店特权，获得更多订单。这既是为店铺宣传造势，增加店铺知名度的一种有效手段；也是培养店铺忠实消费群体，提高店铺排名的必要举措。

如图 3-10 所示为“饿了么”App 中商家综合排序的相关界面，可以看到这其中有一部分店铺的评分并不比其他店铺高多少，而且订单量也比较低，但却有不错的排名。之所以会出现这种情况，就是因为这些店铺是新店，外卖平台对其进行了扶持，让其获得了更好的排名。

图 3-10　“饿了么”App 中商家综合排序的相关界面

3.4.2 了解餐损赔偿的条件

对于外卖商家来说，随着订单量的加大，总会遇到一些消费者退款的情况。针对这种情况，一些外卖平台推出了餐损赔偿功能。商家可以通过该功能，申请赔付，从而降低自身的损失。

当然，获得餐损赔偿是需要满足一定条件的。例如，在美团外卖中，商家需要满足的条件包括订单已被取消、商家是线上结算、外卖为美团配送。除此之外，用户的申请原因应为“送的太慢了，等太久了”或“骑手通知我无法送达”。另外，配送超时和骑手操作不规范（如实际送餐地点与填写的地址大于200 米），商家也可获得餐损赔偿。

值得一提的是，商家应在消费者退款成功的 48 小时内申请餐损赔偿，超过这个时间将被视为主动放弃赔偿。而且如果是商家或消费者自身原因造成的损失，外卖平台也是可以拒绝赔偿申请的。

3.4.3 恶意刷单将面临处罚

恶意刷单是指商家为了提高销量、增加好评率或骗取相关补贴，直接刷单，或者唆使其他商家、骑手及消费者进行虚假下单的行为。恶意刷单看似是商家自身的一种运营手段，却破坏了外卖平台的公平竞争环境。

因此，各大外卖平台对于恶意刷单的行为都是严格禁止的，并且针对刷单行为制定了处罚规则。例如，美团外卖中将恶意刷单分为刷排名、刷补贴和刷配送费 3 种类型，并据此制定了专门的处罚规则，具体如下。

1. 刷排名的处罚

对于恶意刷排名的行为，美团外卖将根据违规次数做出不同的处罚。第一次恶意刷排名，将进行置休 1 天的处罚，处罚次日生效；第二次恶意刷排名，将进行置休 3 天的处罚，处罚次日生效；而第三次恶意刷排名时，则将进行店铺永久下线的处罚，处罚次日生效。

2. 刷补贴的处罚

对于恶意刷补贴的行为，美团外卖同样是根据违规次数做出处罚的。第一次恶意刷补贴，将对商家进行下线 30 天的处罚，头部商家及大连锁商家次日生效，其他商家当日生效；第二次恶意刷补贴将面临下线的处罚，次日生效，商家需要主动赔付才能再次上线，且再次上线一个月内不能享受补贴；而第三次恶意刷补贴时，则将进行永久下线的处罚，处罚次日生效。

3. 刷配送费的处罚

对于恶意刷配送费的行为，美团外卖的处罚比较简单明了，就是剥夺其众包配送资格。

通常来说，商家是否恶意刷单，外卖平台会主动进行查实，确定之后会通过 PC 端和手机端向商家推送消息，告知商家存在恶意刷单的嫌疑，并询问商家是否承认存在恶意刷单行为。

如果商家承认存在恶意刷单行为，外卖平台会据此酌情进行扣款等处罚。反之，如果商家否认存在恶意刷单行为，则需要提供证明材料，否则外卖平台将认定商家存在恶意刷单的行为。

外卖行业要想健康地向前发展，制定一些规则是很有必要的。恶意刷单的行为就相当于考试作弊，这种行为是对整体外卖环境的破坏。商家在运营过程中，一定不要尝试恶意刷单，否则，很可能会因小失大。

3.4.4 被判原价虚高怎么办

原价虚高是指商家利用过高的价格欺诈消费者或外卖平台的一种行为。在美团外卖平台中，如果商家在美团外卖的商品原价高于其他外卖平台、店内堂食价格，或者用高于实际的价格进行满减等活动，都将被判定存在价格虚高嫌疑。

原价虚高的危害在于，用户会认为其在外卖平台中购买商品的价格过高，从而影响用户的体验，造成用户对外卖平台的依存度减弱。而对于商家来说，过高的价格会让商家的诚信受到怀疑。再者，商家的商品价格过高，会让消费者望而却步，这样一来，商家收到的订单量也会相应减少。

对于原价虚高的问题，商家可以先在外卖平台中查看是否有相关通知。以美团外卖为例，每周一 20 点之前，美团外卖会给存在原价虚高的商家发送“原价虚高菜品整改通知”的消息。

在大多数外卖平台中，只要商家按时完成整改就不会受到平台的处罚。而且在外卖平台发送的整改消息中，通常会明确指出整改内容，商家只需据此进行调整即可。当然，如果商家认为自身并不存在原价虚高的情况，而外卖平台却发送了原价虚高的整改通知，商家也可以向外卖平台的业务经理进行申诉。

第4章

装修：吸引眼球的店铺应该怎样设计

读前提示

外卖和传统实体餐饮店的不同点在于，消费者去实体店时，可以看到菜品，甚至可以看到菜品的制作过程。而对外卖来说，消费者只能基于店铺的相关信息来进行把握。

因此，对于外卖商家来说，菜品的味道固然重要，但是设计吸引眼球的店铺，吸引消费者来下单也是非常关键的一环。

要点展示

4.1 打造餐饮品牌，占领用户心智

4.2 做好店铺展示，打造五星店铺

4.3 借助餐饮文案，刺激用户消费

4.1 打造餐饮品牌，占领用户心智

随着外卖行业的不断发展，消费者在购买时的选择也越来越多。在这种形势下，消费者通常会选择品牌店铺，因为品牌往往和实力、信誉等联系在一起。而外卖商家需要做的就是打造餐饮品牌，用良好的品牌形象吸引用户，把路人变成消费者。

4.1.1 通过 Logo 设计，提高记忆点

你在看一个品牌的时候首先注意的是什么呢？相信大多数人的答案都是相同的，那就是首先注意到这个品牌的 Logo。例如，苹果的 Logo 是一个被人咬了一口的苹果，当我们看到一台计算机或手机背面有这样的标志时，都会潜意识地认为这是苹果的产品。

这就是 Logo 的力量，它就像是品牌的一张名片，只要看到了 Logo，你就知

道它是哪个品牌，然后想到这个品牌是做什么的。所以，我们在设计 Logo 时，一定要让它容易被人记住。

当然，容易被记住只是 Logo 设计的基本要求而已，我们要想设计出适合自己的 Logo，还得遵循一定的规则。就餐饮品牌的 Logo 设计而言，一般需要遵循 3 大设计原则，具体如下。

1．简单明了

通常来说，越简单的 Logo 越容易被人记住。因为人要记忆某一事物时，一般会把具有特征的细节先记住。如果 Logo 过于复杂，就很难将被人记住细节。所以，在设计 Logo 时，要尽可能地做到简洁，以便于被人记住。

餐饮与一般的行业不同，它的商品都是可食用的。所以，在设计 Logo 时，如何刺激消费者的食欲也是一个需要重点考虑的方面。当然，要通过 Logo 刺激消费者的食欲并不是那么容易的一件事，但是，商家即便做不到这一点，也至少得让 Logo 看起来令人舒适，不能让消费者看到 Logo 就产生厌恶感。

麦当劳的 Logo 非常简单，就是一个字母“m”（取的是英语 McDonald’s 的首字母），如图 4-1 所示为麦当劳的 Logo。从这一点来看，麦当劳的 Logo 就做到了简洁。

图 4-1　麦当劳的 Logo

除此之外，这个简单的 Logo 采用了中轴线对称的设计，所以，看起来比较舒服。虽然还谈不上能够刺激消费者的食欲，但消费者看到这个 Logo 时，也不会觉得厌恶。

2．符合定位

每个品牌都有其主要的服务类目，餐饮品牌也是如此。所以，商家在设计 Logo 时，可以将自身的服务类目融入其中，让消费者一看就知道你是做什么的。

这一点汉堡王就做得很好，如图 4-2 所示为汉堡王的 Logo。可以看到，它不仅将汉堡的英语“Burger”融入 Logo 中，而且整个 Logo 看上去也与汉堡有几分相似。再加上“BURGER KING”在 Logo 中进行了重点展示，这样一来，消费者只要看到该 Logo 就知道这是做汉堡的汉堡王了。

图 4-2　汉堡王的 Logo

3．版面协调

版面协调主要有两方面的要求，一是 Logo 整体看上去是协调的，不能让人觉得别扭；二是文字和图形的搭配要协调，不能出现图文不搭的情况。

> ▶ 温 馨 提 醒
>
> Logo 的设计是品牌塑造中非常关键的一环，商家一定要遵照相应的规则，设计适合自身情况的 Logo。当然，如果觉得自己想不到合适的设计方案，也可以请专门的设计师来设计。

4.1.2　利用宣传口号，打开用户心门

宣传口号，顾名思义，就是一个用来进行宣传的简短句子。因为外卖商家的最终目的是让消费者下单，所以，宣传口号应当起到宣传和推广的作用。对此，商家在设计宣传口号时，应该遵循一定的原则，具体如下。

1．通顺易记

作为一句宣传口号，首先应该是通顺易记的。因为宣传口号是用来宣传和推广品牌的，而要达到宣传和推广的目的，通顺易记就是最基本的要求。如果商家的口号不容易被消费者记住，那么，口号能起到的宣传和推广作用也就微乎其微了。

说到通顺易记的宣传口号，农夫山泉或许可以给我们提供一些参考，无论是“农夫山泉有点甜”，还是“我们不生产水，我们只是大自然的搬运工”，都是非

常通顺易记的口号，而且这两句口号在消费者之间的传播速度也是非常快的。

2. 引导消费

外卖的最终目的是销售商品，增加店铺的订单量。因此，商家设计的宣传口号也应该为消费服务，让消费者看到宣传口号时就会产生下单的冲动。

在引导消费方面，作者认为，特仑苏就做得很好。我们都熟悉特仑苏的那句广告语“不是所有牛奶都叫特仑苏”，这句广告语的成功之处就在于，消费者如果想要知道特仑苏的不同，就得亲自品尝一下，这样一来，受到广告语的影响，消费者的购买需求会大幅增加。

3. 个性十足

随着同类品牌的增多，宣传口号也日益同质化。在这种大形势下，商家要想让自己的宣传口号起到应有的作用，被潜在消费者记住，就需要让宣传口号具有一定的个性。

利用个性的宣传口号，能够向消费者展示自身商品与同类商品的不同之处。例如，我们都知道巧克力比较容易融化，而 m&m’s 巧克力“只溶在手，不溶在口”的个性宣传口号一出，消费者就马上看到了它的与众不同，部分消费者就会因此想亲自试试看，从而下单购买。

4.1.3 借助色彩设计，凸显品牌形象

我们都知道视觉设计对于外卖店铺的重要性，因为很多时候，消费者在选择购物地点时，凭借的可能仅仅是“眼缘”，而这种“眼缘”实际上就是店铺的视觉设计给消费者的感受。

而在视觉设计中，色彩的搭配和设计又是关键的环节。合理的色彩搭配，让人赏心悦目，可以为整个设计加分不少；而错误的色彩搭配，则会让人觉得眼花缭乱，给人带来不好的感受。

餐饮品牌的色彩设计，体现的不仅是设计者的审美，更是店铺的形象。在视觉设计的过程中，商家要想通过色彩设计凸显品牌形象，还得了解色彩的搭配方法。通常来说，色彩的搭配主要有 3 种方法，具体如下。

1. 色彩对比法

色彩对比法是指利用差异较大的几种色彩产生视觉上的冲击。例如，通过冷暖色的对比，不仅可以让人产生视觉上的跳跃感，还能让受众在色彩的强烈对比中，对画面中的事物产生惊艳感。

2. 和谐搭配法

和谐搭配法是指将几种色彩搭配在一起，让整个画面看起来协调、自然。例如，我们都知道黑色是万能的搭配色，所以，将黑色与其他颜色进行搭配，就很容易让整个画面变得和谐。

3. 明度排列法

明度即明亮的程度，可以简单地理解为颜色的亮度。通常来说，明度由物体所受的照明程度和反射系数来定。每种颜色的明度都是不同的，例如，我们往往会觉得黄色比蓝色要亮一些，就是因为黄色的明度比蓝色高。

明度排列法就是根据明度的不同，将所有项目进行排列。例如，我们可以根据明度的变化进行渐变排列，给人一种前进或后退的运动感。

以上只是一些基本的颜色搭配方法，餐饮品牌在进行色彩搭配时，除了掌握这些方法，还需要遵循一些搭配原则。例如，选取的颜色应与品牌定位一致，色彩的搭配在整体上应该是和谐的，整个画面应该是有层次感的。

熟悉肯德基这个品牌的人都知道，该品牌的 Logo 是以红色和白色为主的，红色是 Logo 的背景色，而白色则被用来勾勒肯德基老爷爷及“KFC”这个简称。

不仅如此，我们仔细观察肯德基的实体店和包装可以发现，红色和白色，尤其是红色被大量使用。这也让红色逐渐成为肯德基的一个代表色。因此，为了让色彩符合品牌的一贯风格，肯德基中国官网的设计也以红色为主。同时，“KFC宅急送”的首页也大量使用红色，甚至导航栏的字体颜色都是红色，由此不难看出，在肯德基的色彩搭配中，红色占据了较大比重。

作者认为，肯德基的色彩设计是比较成功的，首先，红色是其主要用色；其次，中国人都比较喜欢红色这种喜庆的颜色，在官网和外卖平台中使用红色可以增加消费者对品牌的好感。

4.1.4 设计独特字体，打造个性品牌

在视觉设计的过程中，字体设计可以说是非常关键的。一方面，字体的设计风格，可以展示一个品牌的个性；另一方面，字体设计的好坏，可以影响消费者对品牌的印象。

在字体设计的过程中，使用的字体不同，给人的感觉也会有所不同。例如，楷体给人的感觉是端正的、工整的，草书给人的感觉是流畅的、飘逸的，而行书给人的感觉则兼顾了楷书的端正和草书的飘逸。

与一般的字体设计不同，品牌的字体设计直接与视觉营销的效果联系在一

起。因此，在品牌字体的设计过程中，更需要通过对细节的把握，获得更好的视觉效果。通常来说，在品牌字体的设计过程中，应该注意字体样式的统一，让整个画面看起来更和谐。同时，字体要有个性，要能够区别于其他品牌。

“三只松鼠”，一听这个名字，大多数人都会觉得萌萌的。而该品牌的字体设计可以说是很好地展现了萌态。如图 4-3 所示为三只松鼠的 Logo，可以看到在这个 Logo 中，“三只松鼠”这 3 个字略显圆润，而且“松”字的“厶”被写成了一个三角形，这使得整个字体看上去带有童真的萌态。

图 4-3　三只松鼠的 Logo

再加上文字上方萌萌的三只松鼠，“三只松鼠”可爱的品牌形象也跃然纸上了。也正是这种萌态让消费者快速记住了“三只松鼠”这个品牌。

4.1.5　立足包装设计，塑造品牌形象

包装不仅仅指装东西的袋子，它既包括单个商品的独立包装，也包括将所有物品打包的整体包装，还包括随着购买的商品一起赠送的其他物品，如筷子、纸巾和牙签等。

包装看似只是商品的附属品，对商品的质量或口味也不会造成什么影响。但是，不可否认的一点是，包装设计得好的品牌，相对来说，往往会更容易得到消费者的认同。

作者认为，这主要有两方面的原因，一方面，我们正处于一个越来越重视“颜值”的社会，消费者在选购商品时，也会选择包装得好看的商品；另一方面，包装可以在一定程度上反映一个品牌和店铺的服务水平。通常来说，在用户看来，如果品牌的包装做得好，那么，至少从态度上来看，它是重视消费者的消费体验的。

餐饮业可以说是一个比较重视消费体验的行业，而大多数成功的品牌也都将包装设计作为一项重点的工作。作者认为，光重视包装设计还不够，还得掌握一些设计要点。

例如，包装是品牌宣传的一个重要载体，必须想办法突出品牌文化；包装只有与众不同才会更容易被人记住，在设计包装时一定要有亮点；记住包装就会记住品牌，有记忆点的包装才是一个合格的包装。

从上面这些设计要点来看，要设计一个合格的品牌包装，获得良好的宣传效果，似乎需要投入较多的资金。其实不然，只要我们学会了方法，用较低的成本同样可以设计出让人眼前一亮的包装。

例如，商家可以从自身商品的特色入手，将该特点放大，并通过包装设计进行呈现。或者找到自身品牌背后的故事，借助包装打造一个有故事的品牌。这些只需借助包装进行宣传即可，所以，资金投入不会太多。

说到包装让人印象深刻的品牌，不知道你会想到哪个品牌呢？作者脑海中冒出的第一个品牌就是“三只松鼠”。作为一个以用户体验为突破点的品牌，三只松鼠的包装设计是值得所有外卖商家学习的。

首先，三只松鼠的包装与品牌定位是高度契合的。前面在介绍字体设计时，我们提到，三只松鼠是借助萌态发展起来的一个品牌。而在包装设计中，它仍将“卖萌”进行到底，在每个单独的包装袋上都会印上萌萌的松鼠。如图 4-4 所示为三只松鼠产品的外包装。

图 4-4　三只松鼠产品的外包装

除外包装外，部分三只松鼠的商品（如大袋的坚果），还会有一个绿色的内包装。如图 4-5 所示为三只松鼠产品的内、外包装。可以看到，在内包装上同样有一只萌萌的松鼠。

图 4-5 三只松鼠产品的内、外包装

可能有人会认为，一件商品没有必要做内、外两个包装，但作者却不这么认为。

首先，两个包装意味着多了一次宣传品牌的机会，而且这种双重包装也更可以更好地保存商品。

其次，三只松鼠的包装是非常全面的，如果你是在电商平台上买的，而且东西比较多，商家会用一个质量非常好的纸箱（“鼠小箱”）帮你装好。这个箱子上都是一些品牌宣传，而且看着还挺好看的。而且通常还会配备一个开箱器（“鼠小器”），同样带有品牌宣传的内容。

另外，在箱子里面，还会配备纸巾、垃圾袋等物品。总之，消费者只要拿到商家打包的纸箱，那么，你需要的所有东西就都有了。不得不说，三只松鼠在包装设计方面是做得非常全面的。

4.2 做好店铺展示，打造五星店铺

对外卖商家来说，在外卖平台上展示的内容决定了消费者对品牌的第一印象。如果一家店铺的展示内容做得好，而且评分又比较高，如店铺整体看上去精致美观，而且消费者的评分又接近 5 星，那么，消费者就会很愿意在该店铺下单。

当然，任何一家店铺的高评分都不是轻易得来的。那么，如何做好店铺展示，打造五星店铺呢？在作者看来，商家可以在店铺风格、首页布局、产品分类、商品图片、商品描述和后期修图这些方面下功夫。

4.2.1 店铺风格要满足用户需求

店铺的设计风格就好比人的穿衣搭配，如果风格与气质完全不搭，就会让人

觉得不伦不类，甚至让人觉得没有品位。因此，作为店铺形象的重要组成部分，店铺的设计风格一直以来都备受广大商家的关注。

那么，商家应该如何设计出适合自身的店铺风格呢？首先，店铺的设计是为品牌服务的，所以，店铺的设计风格应与品牌的“气质”相符。如果是亲民的品牌，就没有必要故意打造高大上的风格。其次，整体风格应该要引起核心消费者的共鸣。例如，卖美食的店铺，其整体风格应该是赏心悦目的，让人看着胃口大开的。

如图 4-6 所示为某店铺的“点餐”界面（一），该店铺最突出的风格就是充分利用了文字的力量。不仅在左侧导航栏中用了大量的 8 字短语，让人觉得排版整齐，还在每个菜品的名称前都用了一个引导词。

图 4-6　某店铺的“点餐”界面（一）

光是看这些用词，消费者也会觉得店家是一个有心人，再加上商品图片中的菜品摆放也非常规整。这样一来，商家就给消费者留下了一个用心经营、考究细节的形象。而消费者对这样的商家通常是比较放心的，这无形之中便提高了消费者的购买率。

4.2.2　首页布局要体现商家运营思路

外卖店铺的主要销售平台在线上，而线上与线下最大的不同就在于，一旦将东西放到线上，那么，全网络中的人都可以看到。所以，线上的店铺设计是运营过程中一项十分重要的工作。

而在店铺设计中，首页是最先被消费者看到的，并且部分消费者会根据对首页的感受，决定要不要在该店铺下单。因此，商家在进行首页布局时，一定要体现自身运营思路，让首页内容对消费者产生更强的吸引力。

那么，怎样设计出对消费者具有吸引力的首页布局呢？作者认为可以从 3 个方面考虑，具体如下。

1．美观性

美观是对店铺首页最基本的要求，任何一个消费者，或多或少都会对店铺首页的“颜值”有一定要求。在很多情况下，只有店铺首页布局让人看着舒服，消费者才有继续查看商品信息的心情。

而那些看上去乱七八糟的首页布局，很可能会让消费者觉得该店铺不重视消费者的感受，或者说该店铺的负责人就是一个不注重细节的人。在这种情况下，消费者很可能会直接退出店铺。

2．实用性

店铺首页不仅是商家的脸面，还是引导消费者选购商品的一张地图。所以，在首页布局中，应该设置一些让消费者觉得实用的功能。例如，为了让消费者更好、更快地找到需要的商品，商家需要在店铺首页设置搜索栏和餐点的分类导航栏。

如图 4-7 所示为某店铺的“点餐”界面（二），同时也是该店铺的首页。可以看到，在该界面中，不仅在界面左上方设置了专门的搜索栏，还在界面左侧设置了品类导航栏，这样的设计是非常实用的。

图 4-7　某店铺的“点餐”界面（二）

3. 诱惑性

要想刺激消费者下单，店铺首页没有一定的诱惑性是不行的。

通常来说，商家可以在首页放置一些热销的产品，利用该商品的巨大销量，让消费者对其口味好奇。除此之外，优惠的价格也是增强诱惑力的一大利器。商家可以在首页的显眼位置放置满减活动的信息，让消费者看到优惠。也可选择特定商品进行打折出售，让消费者觉得“买到就是赚到”。

如图 4-8 所示为某店铺的“点餐”界面（三），也是该店铺的首页。在该界面中，不仅展示了大力度的满减优惠信息，而且菜品的价格较低、销量较高。这样一来，该店的菜品就给消费者留下了物美价廉的印象，消费者也会更愿意在该店铺消费。

图 4-8　某店铺的“点餐”界面（三）

4.2.3　产品分类为用户做好导航

很多时候，成功往往都是有共通点的，如果所有店铺都做了某项工作，就说明该内容在店铺设计中是不可或缺的。而我们稍加留心就会发现，无论是何种店铺，都一定会在首页设置产品分类导航栏。

那么，店铺为什么要做产品分类呢？作者认为主要有两方面的原因，一方面，对商家来说，通过分类，商家可以将商品摆放在合适的位置，让商品的摆放更加合理、有序。另一方面，对消费者来说，时间是宝贵的，我们都希望用最短的时间买到自己需要的东西。而设置产品分类的好处就在于，只要看到分类，消费者就知道自己需要的商品在哪里，而不用像个无头苍蝇一样到处去找。

产品分类看似只是将所有产品按照一定的规则进行呈现，其实要做好产品分类却远不是想象的那么简单。一般来说，在进行产品分类时，商家需要特别注意 3 点，具体如下。

1．放置合理

这里说的放置合理，主要是指产品分类的导航栏要放置在明显的位置，让消费者进入店铺之后，第一眼就可以看到。对此，商家可以将产品分类导航栏在店铺首页左侧位置进行竖排。

如图 4-9 所示为两家分店铺的首页，可以看到这两家店铺的分类导航栏采取的都是这种放置方式。无论这是外卖平台的模板，还是商家个人的想法，这种放置方式都是比较合理的。

图 4-9　两家店铺的首页

2．展示全面

全面展示产品分类主要包括两个方面，一是产品的分类类别应该尽可能多一些。因为消费者在看到产品分类时会对店铺有一个评估，如果类别比较多，就说明该店铺提供的商品相对来说比较全面，消费者的选择相对较多，在别的店铺买得到的，这里都有，在别的店铺不一定买得到的，这里也有。二是对店铺的商品进行全面展示，可以销售的商品就应该出现在分类中。商家可以根据商品的特性，让一个商品出现在几个不同类别中，一定要避免消费者在分类中找不到某些商品的情况。

进行产品分类能够在不同的类别中为商品提供销售渠道。而在商品销售过程中，销售渠道越多，就意味着商品有越大的概率被消费者看到，商品被卖出去的可能性也就越高。反之，如果商品在所有分类中都看不到，许多消费者可能都不知道你的店铺中有这个商品，商品的销售自然就受到了限制。

3. 归类正确

虽然在产品分类的过程中，商家为了增加商品的销售渠道，可以将同一商品同时放置到不同的类别中。但是，有一点还是需要特别注意的，那就是商品必须放置在合适的类别中，切不可将毫无关系的商品放到同一类别中。

因为消费者在利用产品分类导航栏选取商品时，很可能心中已有想要购买的商品。如果商家在消费者选择的商品类别中不能提供可以满足其需求的商品，消费者可能会直接放弃在该店铺下单。

4.2.4 商品图片应呈现最佳视觉效果

外卖和传统实体店的最大区别就在于，消费者在购买时，并不能看到商品。初次下单的消费者只能根据商家店铺呈现的信息来了解商品的情况。

而在店铺呈现的信息中，商品图片往往又是最直观的。所以，如何选择合适的商品图片，让商品图片呈现最佳的视觉效果，就成了许多外卖商家重点探讨的一个问题。

那么，有没有什么方法可以让商品呈现更好的视觉效果，增加消费者对商品的印象分呢？作者认为，可以从 3 个方面着手，具体如下。

1. 视觉冲击

通常来说，视觉给人的感受是最直接的。当商家选择具有视觉冲击力的商品图片时，一方面，消费者在看到图片之后，就会快速被吸引过来。这样消费者接触商品的可能性便大大提高了。另一方面，具有视觉冲击力的图片，更容易给消费者留下鲜明的形象。例如，当人们看到色彩艳丽的菜品时，可能会感觉闭上眼都能闻到香气，甚至会暗自咽口水。如果商品图片能够带来这样的效果，那么，消费者会很愿意为你的商品买单。

如图 4-10 所示为某店铺中“口水鸡”的图片，不知道大家看到这张图片之后是什么样的感受。作者的感觉是，卖相非常不错，看到下面红色的汤汁就知道这是一道非常下饭的菜。

图 4-10 某店铺中“口水鸡”的图片

2. 凸显卖点

外卖对于商家来说，既是一个机遇，也是一个挑战。虽然借助外卖，商家获得成功的可能性更大了，但外卖的发展也让消费者的选择不断增多。在这种形势下，如果一个商品没有能够打动人的卖点，消费者可能并不会轻易下单。

这其实很好理解，就像我们在网上买东西一样，我们会通过看商家展示的图片，了解商品是怎么样的。如果正好介绍了该商品拥有我们最关心的属性，而且该商品各方面看上去都挺不错的。那么，我们很可能就会将该商品加入购物单，甚至直接就购买了。

3. 借力文字

看到这一小标题，可能部分读者会有疑惑：这一节不是在说商品图片吗？怎么又扯到文字了呢？其实，文字和图片并不是完全无关的两个概念，毕竟图片也可以由图形和文字共同组成。而且在图片中，如果文字用得好，还可以让整个图片增色不少。

例如，在商品图片中，商家可以对该商品的特色及主要卖点进行说明，让消费者可以更好地了解该商品。甚至还可以用一些略微夸张的语句向消费者传达商品热销、口味独特等信息，让消费者在看到图片和其中的文字之后，会觉得这个商品确实值得一买。

4.2.5 商品描述要能够刺激用户味蕾

商品描述其实和人的自我介绍是相似的。而消费者是否下单，公司是否录用面试者，这两者实际上也存在相似之处。在消费者下单的过程中，商品描述是重要的参考内容，就像面试官会将面试者的个人介绍当作重要参考项一样。

这是一个快节奏的时代，很多消费者并没有太多时间去挖掘商品的潜在信息。如果商家自己的描述都不能勾起消费者的兴趣，那么，消费者会认为你的商品也就那样。

那么，商家如何做好商品的描述呢？从作者的经验来看，商家可以从 3 个角度着手，让消费者光是看到描述就会被吸引，具体如下。

1．配合名称

每个商品都会有一个专属的名字，而这个名字就是一个描述商品的关键词。如果商品的名字取得好，消费者只要看到名字就会特别感兴趣。

例如，有一道菜名叫“佛跳墙”。这个名字就很妙，遁入佛门的人闻到香气后都要跳墙进来吃，光是看到这个名字，都感觉这道菜香味诱人。此时，如果商家在描述时能对佛跳墙的典故进行说明，并介绍该菜品的原料，那么，很多消费者看到你的介绍之后，就会觉得这是一道必须要品尝一下的菜。

2．细节详述

对商品的细节进行详细描述主要有两方面的好处。一是告诉消费者你这道菜的主要优点有哪些，这不是一般的店铺能够做得出来的，让消费者觉得这就是自己想要的味道。二是对该菜品包含的东西进行详细描述，如很多菜都包含主菜、配菜、赠品和一些清洁用具。让消费者觉得自己需要的东西，你这道菜品都包含了，自己没想到的东西，你这道菜品也包含了，从而用细节俘获消费者的心。

3．价格描述

点外卖的人群以学生、白领等为主，这一部分人的主要特点就是可以支配的资金相对有限。所以，他们在点外卖的时候通常会比较注意价格。如果商家在商品描述中对商品的优惠方案和折扣力度进行说明，而最终的价格又比较低的话，这一部分人看到之后，可能很容易就动心了。

如图 4-11 所示为两道菜品的描述界面，可以看到，这两个菜品的价格相对来说都是比较低的，而且折扣力度也非常大。所以，消费者在看到该描述后，就会觉得商家的菜品非常实惠。此时，即便商家没有用过多的文字来介绍菜品，消费者也会主动花钱购买，这就是价格描述的力量。

图 4-11　两道菜品的描述界面

▶ 温 馨 提 醒

在描述商品的过程中，需要特别注意一点，那就是可以适当夸张，但不能把没有的东西说成有。因为很多较真的消费者会在收到商品后，对照商品描述对商品进行评估，如果商品达不到描述的水准，这部分消费者很可能会以“与描述不符”为由，给出差评。

4.2.6　后期修图可以为商品大幅加分

这是一个重视“颜值”的时代，看人如此，看商品也是一样。如果将拍摄的原图给消费者看，消费者很可能会觉得该商品太普通，不愿花钱购买。

所以，通过后期修图，为商品增加“颜值”还是很重要的。其实，商品跟人是一样的，人可以通过化妆、修图增加颜值，而商品也可以通过后期修图来向消费者展现更好的形态。

当然，修图也只是在原图的基础上进行加工，如果原图真的“惨不忍睹”，那么，再怎么修图，也很难达到要求。所以，在修图之前，我们需要先把原图尽可能地拍好，为修图提供一个好的基础。

以美食拍照为例，我们可以利用 45 度角进行拍摄，更好地呈现出美食的整体美感；也可以将一些配菜、花卉等作为衬托，提高整体的美感；还可以进行特写处理，拍出美食的质感。

图片拍摄完成后，接下来要做的就是对图片进行后期处理了。在图片的处理过程中，比较简单、有效的处理方式就是利用滤镜功能增加整体的质感。接下来，作者就以“美图秀秀”为例，进行简单说明。

步骤 01 进入“美图秀秀”App，选择“美化图片”版块，如图 4-12 所示。

步骤 02 执行操作后，选择要调整的图片，进入如图 4-13 所示的图片调整界面，单击该界面左下方的“智能优化”按钮。

图 4-12 “美图秀秀”App 首页

图 4-13 图片调整界面

步骤 03 进入“智能优化”界面，❶选择“美食”选项；❷滑动图片下方的滑轮进行调整；调整完成后，❸单击右下方的 ✓ 图标，如图 4-14 所示。

> **▶ 温 馨 提 醒**
>
> “智能优化”界面中为用户提供了多种优化模式，除了“美食”之外，还有“静物”“风景”“去雾”等模式。因为此处作者选择的是“口水鸡”这道美食，所以选择的是“美食”模式。在实际操作过程中，用户只须根据自身需求选择调整模式即可。如果不确定效果，可以先试着看一下效果。

步骤 04 操作完成后，如果跳转至“保存/分享”界面，并且显示“图片已保存到相册”，就说明图片调整完成，并已保存到相册中，如图 4-15 所示。另外，在该界面中，用户还可将图片直接分享至朋友圈、QQ 空间或分享给微信好友、QQ 好友等。

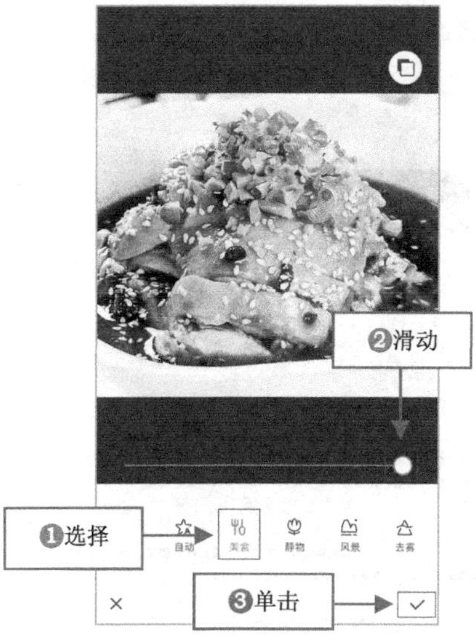

图 4-14 “智能优化”界面

图 4-15 “保存/分享”界面

步骤 05 从相册中找到调整后的图片，并进行保存。调整后的图片效果如图 4-16 所示。

图 4-16 调整后的图片效果

除了直接在 App 中进行调整，商家还可以关注一些摄影类的公众号，看别人是怎么拍的、怎么做后期调整的。

例如，“手机摄影构图大全”就是一个以分享摄影技巧为主的公众号，该公众号会定期更新摄影构图、图片后期等方面的文章，商家在拍摄和处理照片时，可以适当地进行借鉴。如图 4-17 所示为“手机摄影构图大全”公众号的相关界面。

图 4-17 “手机摄影构图大全”公众号的相关界面

4.3 借助餐饮文案，刺激用户消费

这是一个“酒香也怕巷子深”的时代，一件商品，或者一家店铺，如果不能通过宣传推广获得消费者的认知，那么，它很可能会因为没有名气而失去竞争力。而商家借助文案营销，不仅可以达到宣传的目的，更关键的一点在于，只要方法得当，还能直接刺激用户消费。

那么，什么样的文案比较适合餐饮行业呢？作为一个普通的商家，又该怎样打造具有影响力的文案呢？本节作者就通过 3 种文案类型，帮助大家打造适合自己的文案，让消费者忍不住选择你。

4.3.1 促销文案要懂得饥饿营销

很多时候，有的东西只有有了需求竞争才会被消费者所重视，而促销文案就是通过饥饿营销，借助供应量的控制，刺激消费需求，让有需求的消费者争相购买你的商品。

通常来说，促销文案有 3 个特征，具体如下。

（1）**吸引眼球：**我们做文案的目的就是增加商品的吸引力，让消费者更愿意花钱买单。而要做到这一点，首先就需要让文案足够吸引人。毕竟，如果你做的文案连目标消费者都吸引不了，促销都很难，更不用说“赢销”了。

（2）**物超所值：**在做文案时，我们需要站在消费者的角度想问题，思考什么样的商品更容易让消费者动心。如果消费者觉得你的商品物超所值，甚至觉得买到就是赚到，那么消费者肯定会非常愿意消费。

（3）**紧张气氛：**这是指商家需要通过气氛的营造，让消费者产生一些紧张感。如果能做到让消费者像在“双 11”期间那样，生怕抢不到，那就说明你的促销文案做得非常成功了。

说了这么多，那么，促销文案究竟要如何来做呢？作者认为可以从两个方面重点进行考虑，具体如下。

1. 控制供应数量

数字往往是最让人敏感的，也是最让人信服的。在这个时代，我们习惯“用数字说话”。其实，在做促销文案时，我们也可以通过控制供应数量，用数字向消费者传达信息。

控制供应数量通常有两种方式，一种是在外卖平台的抢购版块推出限量菜品。如图 4-18 所示为“饿了么”App 中的“美味午餐限量抢”版块，其采用的便是这种思路。另一种是商家在自己的店铺内向消费者提供优惠菜品时，限定消费者可以购买的数量，如图 4-19 所示。

图 4-18　“饿了么”App 中的“美味午餐限量抢”版块

图 4-19　商家限定消费者的购买数量

2. 限定促销时间

除数字外，限时促销也能营造紧张的氛围。利用促销倒计时，可以使部分消费者觉得“错过这次，可能就没有下次了”。因此，看着时间一分一秒的过去，很可能会狠下心来下单购买，即便商家正在促销的商品在当下可能用不上。如果能够做到这种程度，就说明促销文案起到了应有的作用。

其实，纵观外卖市场，限时促销并不是很常见，反倒是一些电商平台会设置限时促销的版块。例如，在“京东”App 中，“京东秒杀”和“品牌秒杀”中两个版块便是通过限时方式，增加消费者的紧张感。如图 4-20、图 4-21 所示分别为“京东秒杀”和“品牌秒杀”的相关界面。

图 4-20 “京东秒杀”的相关界面

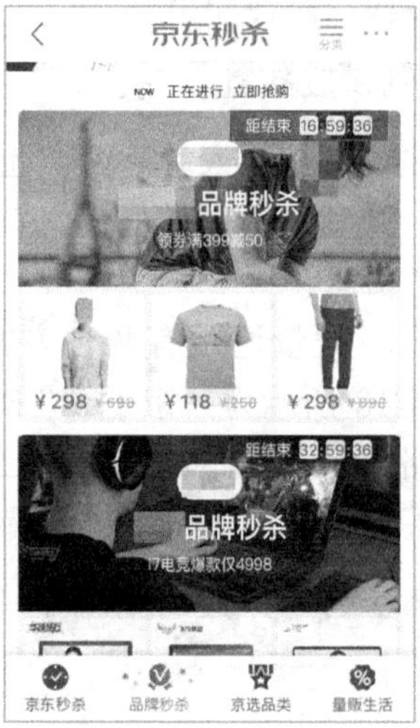

图 4-21 “品牌秒杀”的相关界面

相信只要消费者对这两个版块中的商品不是毫无需求，那么，在看到上述限时促销时，就一定会犹豫到底要不要购买，买的话，好像现在也用不上，但不买的话，下次可能找不到这么优惠的价格了。

而事实是，大部分消费者在陷入上述思考时，通常会本着“走过，路过，不错过”的心理，先把商品买下来。而这样一来，商品就会更容易、更快地卖出去。

虽然限时促销的做法在外卖行业中并不是太常见，但是，这种方法完全是可以运用到促销文案中的，特别是一些有自己的外卖平台的品牌。我们可以效仿京东的做法推出几款限时秒杀的商品，增加平台的人气。如果觉得数量太大不划算话，可以在控制数量的基础上进行限时促销，在数量和时间方面同时为消费者营造紧张感。

4.3.2 活动文案要学会宣传造势

活动文案可以简单地理解为基于特定活动制定的文案。因为活动文案就是为了让消费者看到并了解你的活动，所以，在制定活动文案时，一定要用简单明了的词句来表达活动的核心内容，让消费者可以快速抓住活动的亮点。

另外，一个活动要想快速获得消费者的响应，需要先找到一个可以引起消费者共鸣的点。一般来说，商家可以借助当下的热门话题为活动造势，这一方面可以快速与消费者产生共鸣，另一方面也能让活动变得更“接地气”。

在做活动营销时，我们可以通过微信朋友圈、百度热门搜索词及微博热门话题等渠道，寻找当下的热门话题。然后将热门话题与自身品牌或对应商品进行结合。

例如，2017 年下半年至 2018 年上半年，以《绝地求生》为代表的枪战游戏快速席卷全国。因为在该游戏中获得第 1 名时，系统会显示“大吉大利，今晚吃鸡”的字样。所以，这一类游戏被称为“吃鸡游戏”。

“吃鸡游戏”的大火对提供与鸡相关的菜品的商家来说，是一个很好的营销借力点。虽然游戏里的“吃鸡”和“买鸡来吃”代表的含义完全不同，但两者毕竟都是“吃鸡”。

因此，许多提供与鸡相关的菜品的商家，围绕“吃鸡”推出了营销文案。如图 4-22 所示为部分商家的“吃鸡”营销海报，可以看到，在这两幅海报上，“吃鸡”都是重点显示的。虽然这个海报不一定能让消费者到店下单，但是，只要对“吃鸡”游戏感兴趣的人，可能就会多看两眼海报。而这样一来，就很好地起到了营销的作用。

图 4-22 部分商家的“吃鸡”营销海报

4.3.3 新品文案要抓对商品卖点

针对不同的营销目的，需要用不同的文案来表现。当商家需要重点营销新品时，就需要通过新品文案来进行营销推广。新品文案的关键就在于向消费者展示新品的卖点，所以，商家如果想让自己的新品快速被消费者接受，就需要在抓住消费痛点的同时，突出新的亮点。

新品文案的营销核心是新品本身。所以，商家在设计新品文案时，需要对新品进行必要的研究，从中找到新品的卖点和亮点。通常来说，在对新品进行研究的过程中，我们需要先对商品进行测试，根据测试进行评价，然后找到可以用于推广的特点，快速占领市场。

如图 4-23 所示为肯德基新品——“猫山王榴莲冰淇淋”的宣传海报。虽然该海报上只有一些相对简单的文字和图像，却将该新品的主要卖点都呈现出来了。

图 4-23　肯德基新品——“猫山王榴莲冰淇淋”的宣传海报

首先，从选材上来看，该冰淇淋选用了猫山王榴莲。喜欢吃榴莲的人都知道，猫山王榴莲是榴莲中的佳品。所以，喜欢榴莲的人自然而然地就会产生品尝该冰淇淋的冲动。另外，从蛋筒来看，华夫筒搭配冰淇淋，那种冰凉爽口的独特口味也会让不少人欲罢不能。

其次，通过该海报，我们可以看到该冰淇淋的“长相”，而且即便它的选材这么讲究，价格也仅为 13 元/支。因此，即便是平时不怎么喜欢吃榴莲的，可能也会抱着尝鲜的想法买一支来尝一尝。

所以，就是这么一张看似简单的海报，却能让喜欢榴莲和不喜欢榴莲的消费者都对它产生兴趣。不得不说，作为一个新品文案，肯德基的这张海报无疑是非常成功的。

第 5 章

菜单：提供哪些菜品，应该如何决定

读前提示

在消费者看来，一家店铺有没有他（她）想吃的菜品，是决定他（她）是否会在该店消费的关键。当然，除了用户需求，在制定菜单的过程中还需要考虑很多其他的因素。

那么，商家应该如何决定向消费者提供哪些菜品呢？这一章作者就给你想要的答案。

要点展示

5.1　立足需求，做好用户定位

商家在制定菜单时一定要明白一点，那就是消费的决定权始终在消费者手中。只有你提供的菜品是消费者所需要的，他们才有可能为之买单。所以，商家在制定菜单时，一定要立足于消费者的需求，看消费者喜欢哪些菜品，并在此基础上做好用户定位。

5.1.1　外卖消费者的基本特征

每个群体都会有一定的特征，而根据群体的基本特征，我们又可以获得该群体的行为模式。外卖也是如此，商家在运营过程中可以通过资料收集，总结得出消费群体的基本特征，并由此分析该消费群体的行为模式。

可能有的作者会认为，要收集消费者的信息并不是一件容易的事。其实，我们正身处于大数据时代，很多信息并不需要我们亲自去收集，因为有很多调研机构和企业会帮我们做好信息的收集和整理。而我们需要做的就是选择正规的调研机构来获取资料。

以外卖数据为例，许多调研机构会对外卖用户的关键数据进行调研和分析，商家只需选择自己需要的资料即可。如图 5-1 所示为部分外卖用户数据。商家可以从中清楚地了解在美团外卖和饿了么这两大外卖平台中，用户的性别、年龄分布情况及学历、购买力情况。

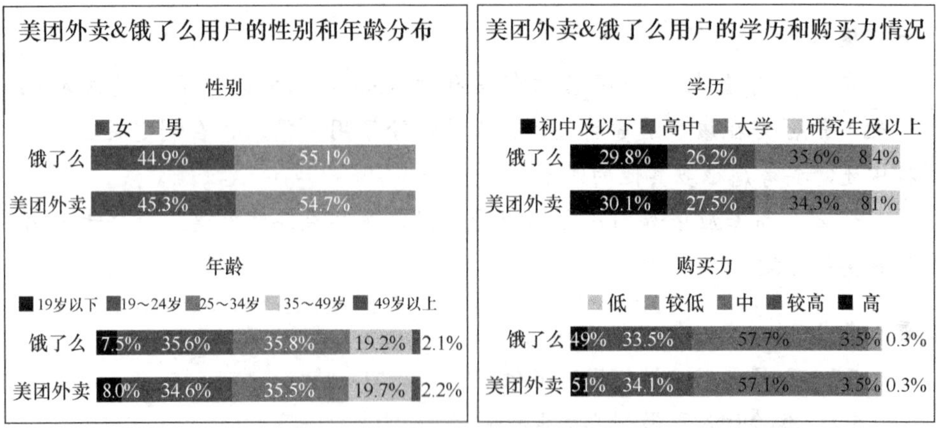

图 5-1　部分外卖用户数据

在获得了用户数据之后，接下来要做的就是通过对数据的分析，建立一个用户画像的基本模型。例如，从图 5-1 可以看出，外卖用户的男女比例相对比较均衡；19～35 岁的用户是消费的主力；大学及以下学历的群体占比高；购买力普遍处于中等及以下，满足大众消费仍是主流。

得到用户画像的基本模型之后，要分析其行为模式就比较简单了。可以看出，提供年轻人喜欢且价格相对较低的菜品，可能会容易得到大多数消费者的认可。

5.1.2　了解订餐的类型与场景

任何行为都是各种因素共同促成的结果，消费者点外卖也是如此。在某件事情发生时，我们通常会通过对时间和场景的分析，分析其发生的原因。其实，商家在做外卖的过程中也可以用这种思路，决定为消费者提供哪些菜品。

例如，通过了解消费者的主要订餐类型，商家可以决定是为消费者提供早餐、午餐、中餐、下午茶，还是夜宵。

如图 5-2 所示为 Analysys 易观的外卖订餐类型分布，从图中可以看出，用户的主要订餐类型为午餐和晚餐。这就说明，如果商家提供的是正餐的菜品，可能会更契合用户的消费需求。

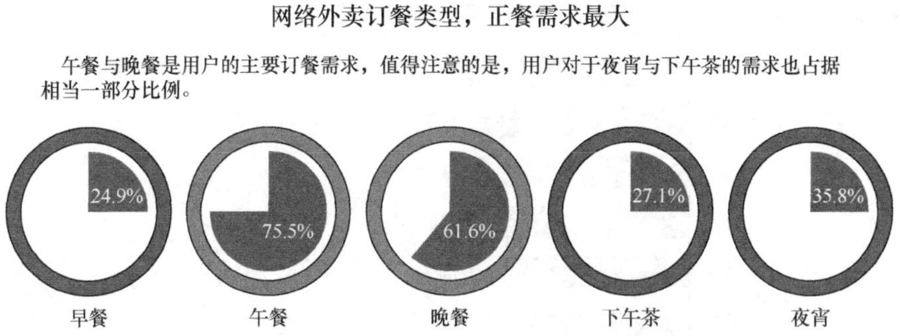

图 5-2　Analysys 易观的外卖订餐类型分布

而对于订餐场景，我们可以通过用户选择外卖的原因和订餐地点进行把握。如图 5-3 所示为 Analysys 易观中用户是否选择外卖服务的原因。从图中可以看出，用户之所以选择外卖，主要是因为使用方便、平台有优惠和商户信息丰富等。

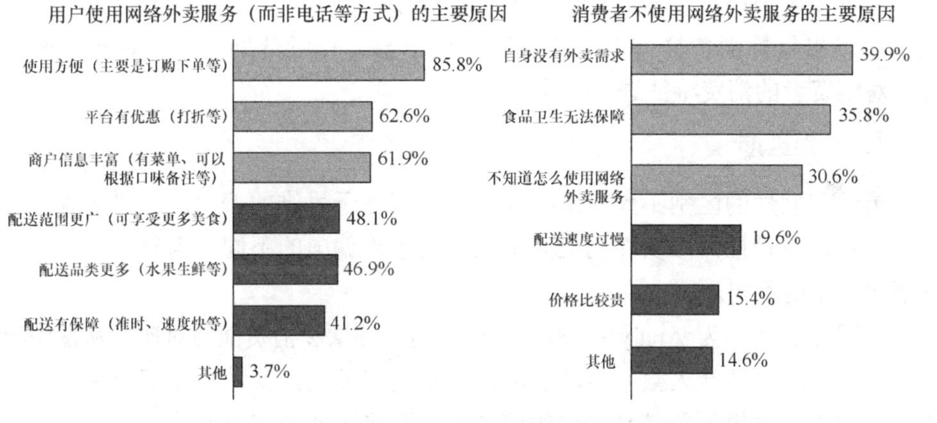

图 5-3　Analysys 易观中用户是否选择外卖服务的原因

对此，商家可以通过首页的导航栏设置等，让消费者可以更方便地下单；用相对优惠的价格，吸引消费者下单；完善店铺信息，让消费者可以放心下单。

如图 5-4 所示为 Analysys 易观中外卖订餐的地点分布，从图中不难看出，用户订餐的地点主要集中在居住地（公寓、社区等）、学校及周边、CBD 商圈和办公写字楼等。据此可以看出，外卖的主要消费群体为居家人员、学生和普通白领。

所以，商家可以根据外卖订餐的地点和主要的消费群体制定菜单，提供适合这些群体食用的菜品。

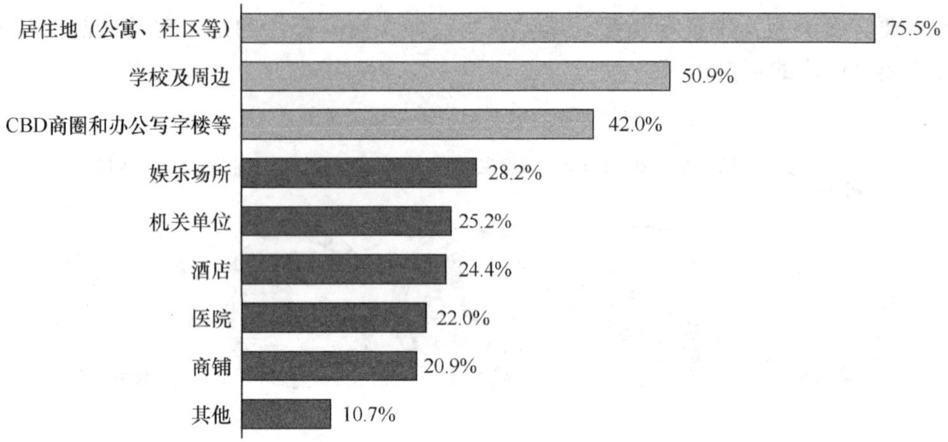

图 5-4 Analysys 易观中外卖订餐的地点分布

5.1.3 不同维度的消费者分析

分析的出发点不同，得出的结论和采取的对策也会有所不同。为了让制定出来的菜单更好地满足目标消费者的需求。商家可以从不同的维度分别进行分析，从中总结出目标消费群体的消费特征。接下来，作者分别从性别和平台两个维度，对消费者的消费特征进行解读。

1. 性别维度

男性和女性的区别不仅在于生理特征，还在于思维的偏向。一般来说，男性相对来说比较理性，而女性则更为感性。而思维偏向的不同，也导致了男性和女性消费观念的不同。

如图 5-5 所示为 Analysys 易观中男女消费频次和消费能力对比。从图中可以看得出，无论是活跃人数、启动次数，还是消费能力，女性总体都要高于男性。所以，如果商家提供的是高价位的菜品，需要尽可能地迎合女性，因为她们很可能会是你的主要顾客。

除了消费频次和消费能力，男性和女性在使用偏好方面也存在一定的差异。例如，男性的偏好领域主要是快递/配送、归属地和存档修改器，而女性的偏好领域则主要是社交网络、即时通信和生鲜电商。如图 5-6 所示为 Analysys 易观中男女适用偏好取向对比。

对此，如果商家决定以提供生鲜为主，可以将女性作为主要的消费对象，并通过社交网络和即时通信传播店铺的相关信息，从而吸引女性消费者前来下单。

图 5-5　Analysys 易观中男女消费频次和消费能力对比

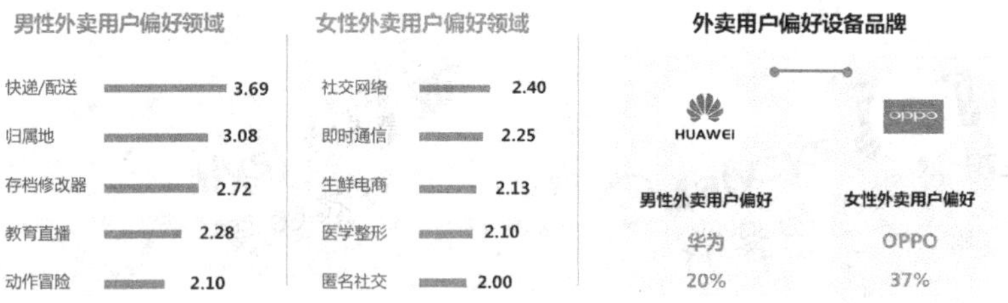

应用渗透率 TOP10	1	2	3	4	5	6	7	8	9	10
女性外卖用户	饿了么	腾讯视频	支付宝	OPPO 应用商店	微博	淘宝	优酷视频	百度地图	美团外卖	京东
男性外卖用户	饿了么	支付宝	京东	百度地图	百度外卖	QQ	美团外卖	微博	腾讯视频	美团

数据说明：易观万像只对独立App中的用户数据进行监测统计，不包括App之外的调用等行为产生的用户数据。

图 5-6　Analysys 易观中男女适用偏好取向对比

2．平台维度

虽然外卖平台都是为用户提供外卖服务的，但不同的外卖平台之间还存在一定差异。其中，用户在 App 使用偏好方面就会存在较大的差异。接下来，作者就以美团外卖和饿了么为例进行简单的说明。

如图 5-7 所示为 Analysys 易观中美团外卖用户移动 App 使用偏好。从图中不难看出，美团外卖用户使用移动 App 主要偏向于跨境电商、生鲜电商、酒店预订和体育资讯等领域。

对此，商家在制定菜单时，可以迎合用户的主要偏好。例如，做生鲜类的商铺可以在 2018 年世界杯期间，为消费者提供世界杯生鲜套餐。这样做的目的，实际上就是同时吸引了对生鲜和体育资讯感兴趣的消费者。

与美团外卖用户不同，饿了么用户在使用移动 App 时，虽然同样是偏向于跨境电商、生鲜电商、酒店预订和体育资讯这 4 个领域，但排序出现了一些变化。除此之外，饿了么用户对医学整形领域也是比较关注的。如图 5-8 所示为 Analysys 易观中饿了么用户移动 App 使用偏好。

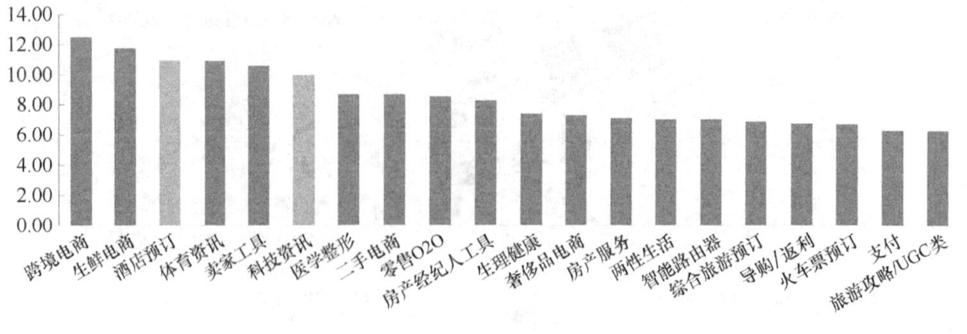

图 5-7　Analysys 易观中美团外卖用户移动 App 使用偏好

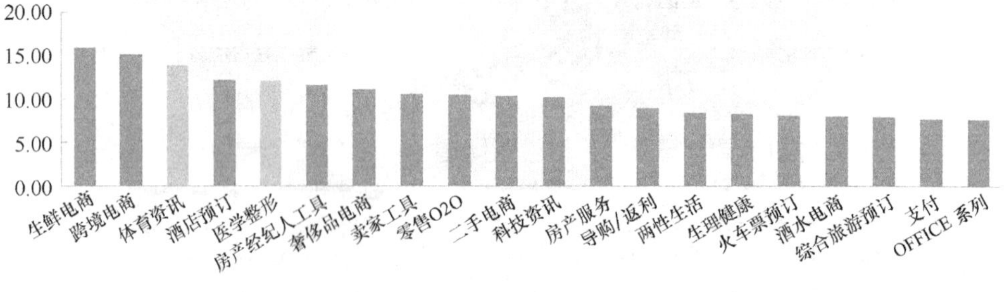

图 5-8　Analysys 易观中饿了么用户移动 App 使用偏好

针对这一情况，商家既可以抓住用户的主要偏向，以提供生鲜等产品为主。也可以在制定菜单的过程中，重点打造医学整形方面的套餐，以此吸引对医学整形比较重视的消费者。

5.1.4　基于用户需求提供菜品

对外卖商家来说，将对的菜品卖给对的消费者，是提高店铺好评率的一个有效手段。这一方面满足了消费者的主要消费需求，另一方面也能让消费者感受到你对他（她）的重视，从而增加消费者对商家的好感。

那么，如何将对的菜品卖给对的消费者呢？作者认为，最好的方法就是根据外卖用户的需求为其提供菜品。例如，许多消费者在点外卖时，都会习惯性地写一些备注，商家便可以根据备注上的要求准备菜品，从而让菜品更好地迎合消费者的需求。

如图 5-9 所示为部分消费者的外卖订单备注（一）。可以看出，这些备注其实都是与菜品的口味相关的。而菜品的口味又是商家需要重点把握的一项工作。所以，商家在看到消费者关于口味的备注时，应当尽可能地满足消费者的需求。

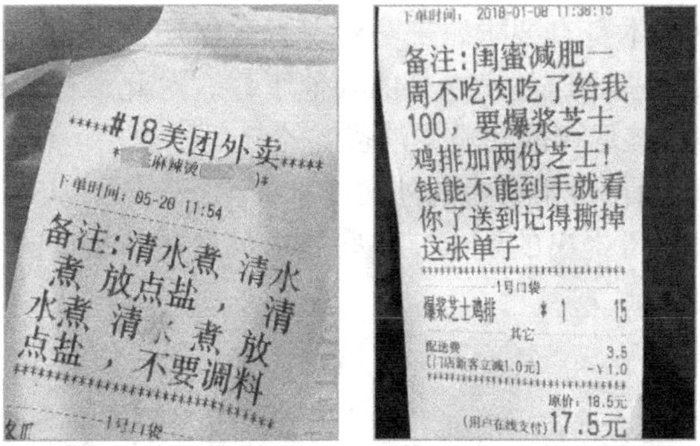

图 5-9 部分消费者的外卖订单备注（一）

▶ 温 馨 提 醒

大部分消费者对于外卖的口味都是有一定要求的，既然消费者在订单上进行了备注，那么，商家就需要尽可能地满足其需求，即使备注内容看起来和店铺一贯的口味相悖。

这主要有两方面的原因。一方面，消费者一般不会没事找事，既然备注了，就是希望商家能够按备注来做；另一方面，商家按照备注操作，也是对消费者的一种重视，这种服务态度也能赢得消费者的好评。

当然，商家在运营的过程中，可能也会看到一些不怎么好做的，甚至有点过分的备注。对于这些备注，商家可以尽可能地满足，如果满足不了就进行一些说明，让消费者知道你的难处。

如图 5-10 所示为部分消费者的外卖订单备注（二），可以看到，消费者的要求是有一些强人所难的。面对这种情况，商家如果有条件就可以满足消费者的要求，如可以适当放一些枸杞、红枣。如果做不到，商家就可以用一些幽默的网络语进行说明，博消费者一笑。

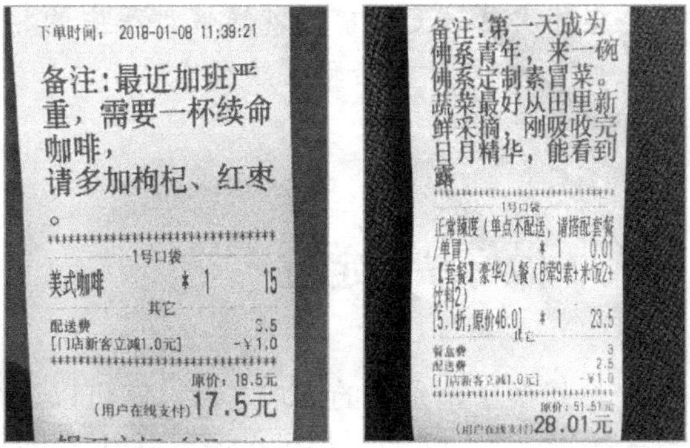

图 5-10 部分消费者的外卖订单备注（二）

其实除了对菜品本身有要求，部分消费者可能还会提出一些其他的要求。例如，让外卖小哥做一些除送外卖之外的其他工作。对此，作者认为，外卖小哥作为服务业从业者，应该尽可能地满足消费者的合理要求。

如图 5-11 所示为部分消费者的外卖订单备注（三），从中不难发现，这些备注更多的是对外卖小哥提出的要求。这些要求虽然在外卖员的本职工作之外，但也说不上是太强人所难。

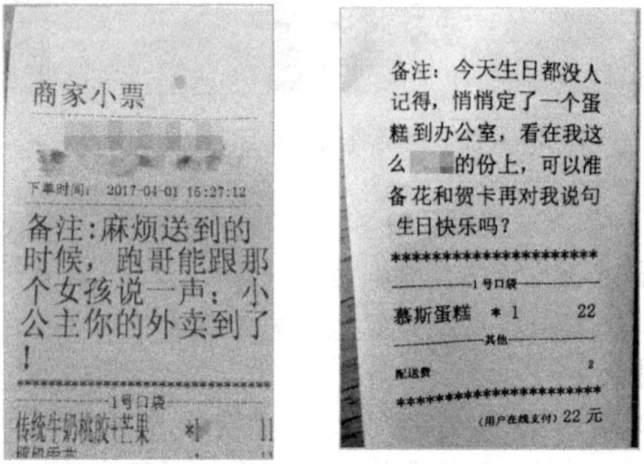

图 5-11　部分消费者的外卖订单备注（三）

对于这样的情况，作者认为，无论是商家，还是外卖小哥，都应该尽量满足。这一方面能够展示自身服务态度，另一方面也能向他人传达善意，让这个世界多一份温暖。这样的事情，何乐而不为呢？

▶ 温 馨 提 醒

可能有的商家选择让外卖平台和一些跑腿公司送外卖，外卖员的服务本不应该影响消费者对店铺的评价。然而事实却是，如果外卖员的服务态度不够好，消费者很可能会迁怒外卖店铺。

所以，商家需要在外卖员送餐之前，就送餐过程中的相关问题叮嘱外卖员，让外卖员尽可能地满足消费者的合理要求。当然，如果消费者只是在无理取闹，那就另当别论了。

5.2　准确切入，做好品类定位

商家通过用户定位，了解了消费者的需求之后，就可以进行品类定位，或者说是产品定位，找到一个准确的切入点，提供市场需要但又相对欠缺的菜品。

5.2.1 了解外卖行业的基本数据

在做一件事情之前，我们往往会寻找一定的参考依据，而在做外卖品类定位时也同样如此。商家在决定自己要做哪一类菜品时，不妨先了解一下外卖行业的基本数据。接下来，作者就从城市数据和品类数据两方面，分别对外卖行业的数据进行解读。

1. 城市数据

因为所处的地理位置不同，消费者对外卖的需求也会有所不同。下面，我们就通过一些城市数据，了解一些城市的外卖消费情况，帮助商家根据自身所处的位置，更好地选择菜品品类。

如图 5-12 所示为饿了么发布的 2017 年一、二、三线城市订单量和交易额同比增长情况。从该图不难看出，无论是订单量增长速度，还是交易额增长速度，二线城市都是三类城市中最快的。三线城市虽然订单量增长速度相对较慢，但是交易额增速却与一线城市并没有太大的差距。

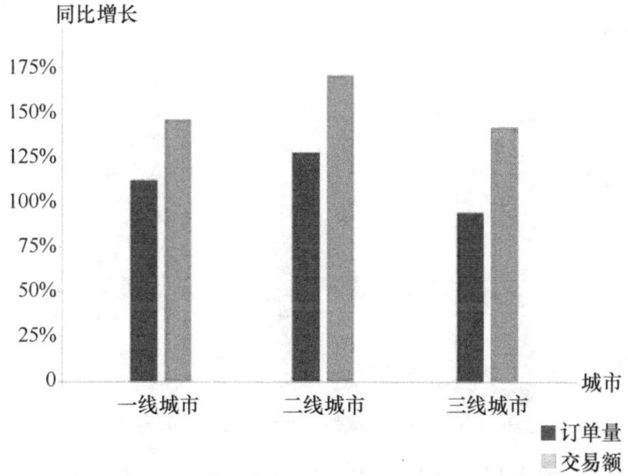

图 5-12 饿了么发布的 2017 年一、二、三线城市订单量和交易额同比增长情况

这就说明，外卖正在由专为一线城市服务，变为全国性的服务，外卖的渗透率大幅提高。所以，无论商家是在一线城市，还是在二、三线城市，都可以享受外卖行业发展带来的机遇。

因为外卖需求和消费能力的不同，各城市在外卖订单量和客单价方面存在明显的差距。接下来，作者分别进行简要说明。

如图 5-13 所示为饿了么 2017 年城市外卖订单量排行。从该图可以看得出，上海以绝对的优势稳居第一位，而北京、杭州和武汉则分别为城市外卖订单量的第2名、第3名、第4名。

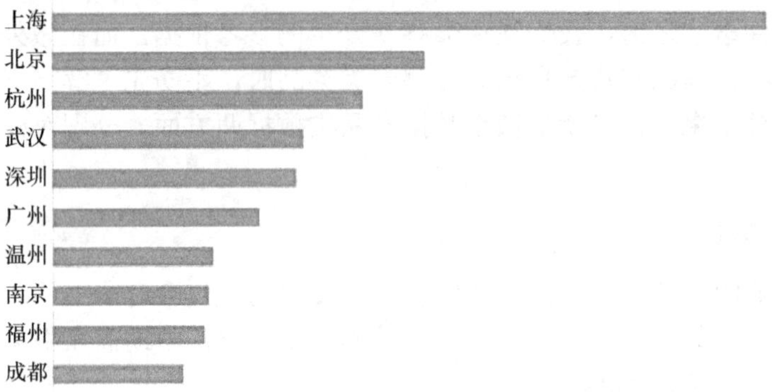

图5-13　饿了么2017年城市外卖订单量排行

而在客单价方面，上海同样以绝对优势成为最高客单价的城市。北京、厦门、深圳和成都则紧随其后，成为客单价排行榜的第2名、第3名、第4名、第5名。如图5-14所示为饿了么2017年城市外卖客单价排行。

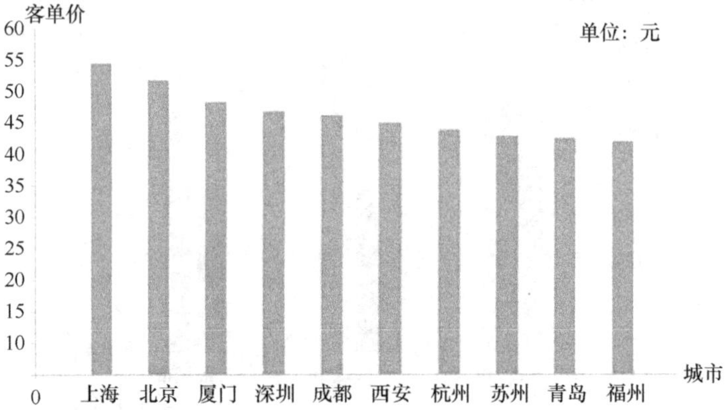

图5-14　饿了么2017年城市外卖客单价排行

综合分析订单量和客单价排行，我们不难得出这样一个结论，那就是在上海、北京等经济相对发达的城市，外卖的需求量及消费能力都是相对较高的，而这些城市的外卖商家的潜在市场也要相对更大一些。

2．品类数据

因为中国幅员辽阔、人口总数大，而每个人又都有自己的饮食偏好。所以，外卖市场为了满足各类群体的需求，为消费者提供了各种各样的消费品类。当然，受到消费观念和个人偏好的影响，各品类的数据也会呈现一定的差异。下面作者就带大家看一看 2017 年外卖品类数据。

如图 5-15 所示为饿了么 2017 年外卖菜品订单量排行，从该图可以看得出，皮蛋瘦肉粥、香辣鸡腿堡和酸辣土豆丝以绝对的优势分别成为外卖菜品订单量排行榜的第 1 名、第 2 名、第 3 名。

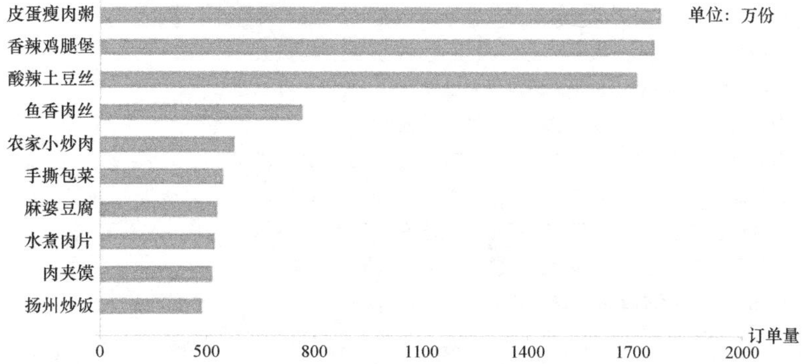

图 5-15 饿了么 2017 年外卖菜品订单量排行

这就说明一些常见且价格不是很高的菜品，往往更容易受到消费者的青睐。所以，商家在制定菜单时，不妨从大众需求出发，多为消费者提供一些消费得起的家常菜品。

除了订单量，商家在制定菜单时，还必须重点关注菜品的搜索次数。如图 5-16 所示为饿了么 2017 年外卖菜品搜索次数排行。可以看到，炸鸡以 9.8 亿次搜索成为搜索率最高的菜品，而黄焖鸡和奶茶则分别成为菜品搜索排行榜的第 2 名、第 3 名。

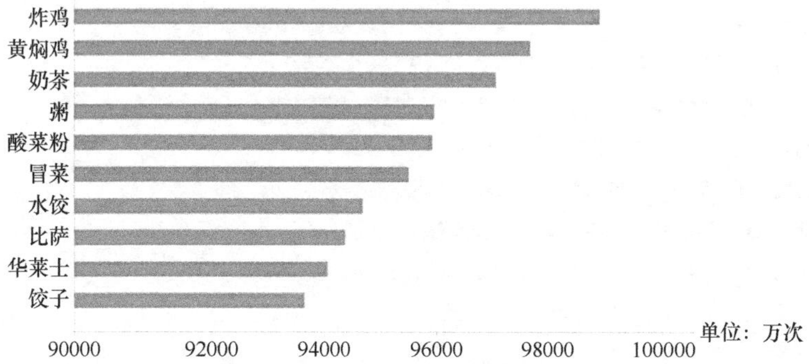

图 5-16 饿了么 2017 年外卖菜品搜索次数排行

从这里我们看出，很多消费者最初的想法是吃炸鸡或黄焖鸡，而在饮料方面则比较中意奶茶。所以，如果商家主要提供炸鸡、黄焖鸡和奶茶，可能会更容易被消费者搜索到。

而从各大菜系的交易增长情况来看，江浙菜交易增长幅度名列各菜系首位。这一方面说明江浙地区的外卖消费能力强，另一方面也说明，江浙菜整体销售情况良好。如图 5-17 所示为 2017 年各菜系交易额同比增幅排行。

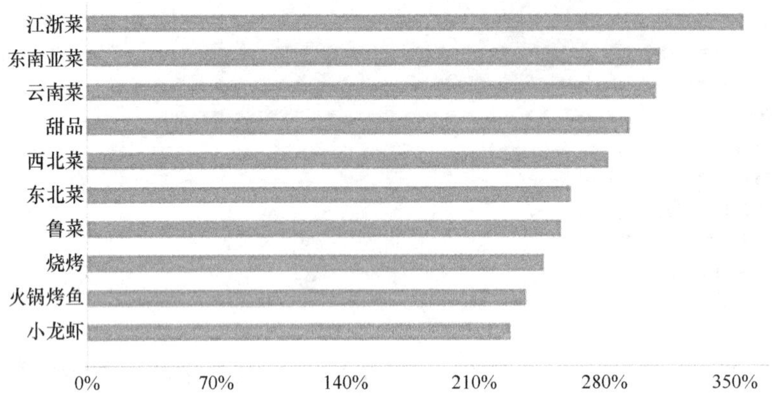

图 5-17　2017 年各菜系交易额同比增幅排行

另外，在不同的时节，消费者的需求也会出现一定的变化。下面，作者分别按照夏季和冬季来介绍外卖菜品消费情况。

如图 5-18 所示为饿了么 2017 年各菜系夏季平均订单增速排行，从该图可以看出，江浙菜在夏季是比较受消费者欢迎的。这也与该菜系精致小巧、色彩鲜明的特点有关。大多数人在夏天的胃口可能并不是很好，但是看到高颜值的江浙菜之后，胃口自然而然地会好一些。

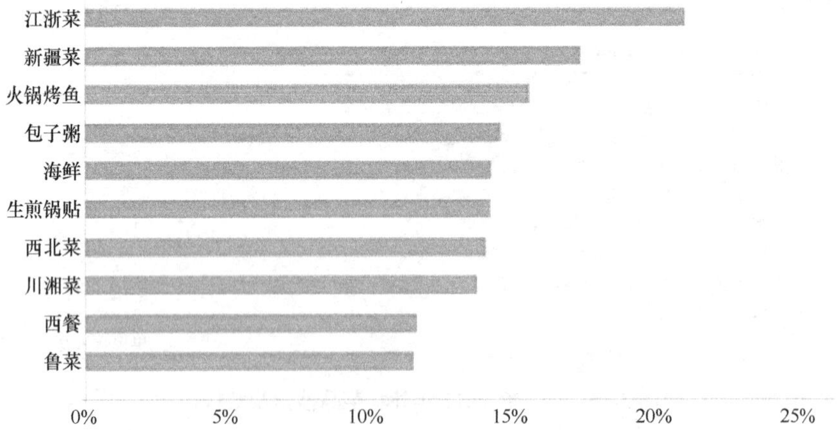

图 5-18　饿了么 2017 年各菜系夏季平均订单增速排行

如图 5-19 所示为饿了么 2017 年各菜系冬季平均订单增速排行，从该图不难发现，东北菜和饺子馄饨在冬季更受消费者欢迎。这主要是因为东北菜通常更容易保温，且分量比较足。而在冬天能吃上一顿热乎乎的饱饭，对许多人来说是一件非常幸福的事情。

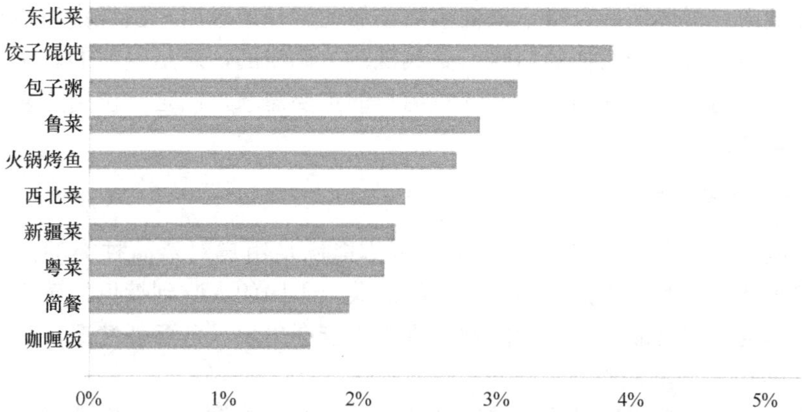

图 5-19 饿了么 2017 年各菜系冬季平均订单增速排行

所以，商家在制定菜单时，正确的策略应该是在保持主要菜品的同时，根据消费者的需求，适时进行一些调整。例如，夏季消费者通常会点一些比较爽口的开胃菜，对此，商家可以在夏季为消费者多提供一些凉菜，如凉拌海带丝、拍黄瓜和凉拌黑木耳等。

5.2.2 找准菜品的核心用户群体

在制定和调整菜单的过程中，商家始终要明白一点，那就是外卖要考虑的是将商品卖给更多人，卖给更合适的人。而无论是将商品卖给更多人，还是将商品卖给合适的人，都需要做好一项工作，就是找准核心用户群体，为他们提供能让其满意的菜品。

当然，找准核心用户群体，并为其提供满意的菜品并不是一件容易的事。但是，商家可以通过 3 个步骤，让自己的商品逐渐符合消费者的心意，具体如下。

1. 找到核心用户

每种菜品都有其特定的消费群体，只有找到核心用户才能知道市场对菜品的要求，才能根据市场的要求，进行针对营销，更好地吸引目标消费者，从而增加店铺的曝光率。

之所以要找到核心用户，就是要确立一个目标，让商家知道你的商品是卖给什么样的人。找到核心用户之后，需要对这个群体进行画像，了解其消费习惯。

也就是说，要想让你的菜品更符合市场的需求，你要做的不仅是找到核心用户群体，还是要找准核心用户群体的消费习惯。

2. 摸清用户需求

在找准用户群体之后，接下来商家需要做的就是通过用户画像摸清用户的需求。例如，用户喜欢什么样的口味，是偏辣的、偏淡的，还是偏甜的。用户可以接受的价格区间是什么样的等。并针对用户的主要需求，制定一份用户喜欢又消费得起的菜单。

3. 自我调整完善

虽然根据用户的需求制定的菜单，基本能满足用户对菜品种类的需求。但是，商家需要知道的一点是，即便是同样的菜，不同的人吃到嘴里，感觉也是不一样的。而且，在菜品的制作和配送过程中可能会出现一些意外情况，让菜品的口味和外观发生一些变化。

因此，商家还需要适时根据消费者的反馈进行一些调整，让消费者吃到更满意的菜品。具体来说，商家可以重点查看消费者的差评内容，因为这其中很可能就包含菜品存在的最大问题。如图 5-20 所示为部分消费者给出的差评内容。

图 5-20　部分消费者给出的差评内容

虽然部分消费者在评价时可能有一些无理取闹，但是，大部分消费者的评价还是比较中肯的。既然有消费者给出差评，就说明菜品可能真的存在问题，商家还有需要改进的地方。

▶ **温馨提醒**

对大部分商家来说，消费者就是你的衣食父母。虽然有时候消费者说的话并不是那么好听，但是，既然你是做服务行业的，就应该端正态度，为消费者提供更满意的菜品，而不应该用针锋相对的言语与消费者一争高下。

店铺的经营本身就是一个不断改进的过程，而且只有通过不断改进，店铺才能为消费者提供更好的服务。消费者给出的差评一方面能指出店铺的不足，另一方面也能为店铺的改进指明方向。一个聪明的商家要懂得从消费者的评价中找到使店铺更好地向前发展的动力。

5.2.3 从竞品市场做好菜品分析

竞品简单的理解就是互相竞争的、可以互相代替的同类商品，这个概念可以从广义和狭义两方面进行定义。下面作者就以外卖菜品为例，分别进行解读。

广义竞品：大部分消费者之所以要买外卖，其中最重要的一个原因就是想填饱肚子。而外卖市场的大多数菜品都是可以达到填饱肚子的目的的。所以，从广义来看，能够填饱肚子的所有菜品就互相成为竞品。

狭义竞品：虽然消费者买外卖是为了填饱肚子，但是，这也只是最基本的要求而已。可能消费者在下单之前，心中已经有了想要购买的菜品。例如，当消费者要购买煲仔饭时，煲仔饭之间就构成竞品关系。而其他种类的菜品，因为消费者并没有购买需求，因此，也就不能将其称为煲仔饭的竞品。

相对来说，广义竞品包含的菜品种类太多，商家想要研究清楚并不是一件容易的事情。而且对专门提供某一类菜品的店铺来说，研究广义的竞品也没有太大的意义。所以，这一节作者更多的是基于狭义的竞品关系来进行研究的。作者认为，在做竞品分析的过程中，需要重点从两个方面进行研究。

1. 分析市场需求

市场的需求就是商家制定菜单的风向标，只有看清风向，顺风而行才能更好地“赢销”。在做竞品分析的过程中，同样也需要对市场需求进行分析，看哪一种竞品更受消费者的欢迎。

例如，同样是粉，商家可以选择重点做汤粉，还是重点做卤粉。此时，商家就可以围绕汤粉和卤粉做一个竞品分析。

做竞品分析的方法有很多，其中比较直接的一种方法就是在外卖平台中搜索菜品名称，看店铺的销售情况。如图 5-21 所示为在同一外卖平台中搜索“汤粉”和“卤粉”的结果。

图 5-21　在同一外卖平台中搜索“汤粉”和“卤粉”的结果

从图 5-21 不难看出，在作者所在的位置，汤粉销售量最高的店铺，汤粉的月销售量仅为 1096 单。而卤粉销售量排在前两位的店铺，月销售量却分别达到了 5925 单和4494 单。可以看出，卤粉比汤粉更受外卖消费者的欢迎。之所以出现这种情况，可能是因为消费者真的更喜欢吃卤粉，也可能是因为卤粉更便于配送。

其实，商家也无须再深究原因，因为我们做竞品分析就是要根据结果来做出选择。既然卤粉更受消费者欢迎，那么，商家如果要在网上开粉店，做卤粉店可能会比做汤粉店更具优势。

2．弥补市场空缺

在制定菜单时，许多商家认为为市场提供需求量大的菜品，更容易获得市场的认可。而事实却往往不是这样的，一方面，对于市场需求量明显的品类，商家们削尖了脑袋往里面钻，造成同行间竞争日益激烈，一部分实力不济的店铺只得关门。另一方面，因为商家都去提供市场需求量大的菜品，而有一定需求的，以及市场需求不太明显的菜品很少，甚至于没有商家提供，这就造成了市场需求长久得不到满足。

其实，相比于和众多商家竞争市场的主要需求，提供市场需求大，同类商家多的菜品，还不如抓住市场的长尾需求，重点提供有一定市场需求，但是却有市场空缺的菜品。

如图 5-22 所示为搜索“韩式烤肉”和“沙拉”的结果，从结果可以看到，做这两类菜品的店铺，附近都只有一家，而且这两家店铺的月销售量都达到了数千单。这就说明，这两类菜品在该地区可能存在一定的市场空缺。如果商家选择做这两类菜品，可能更容易分得一杯羹。

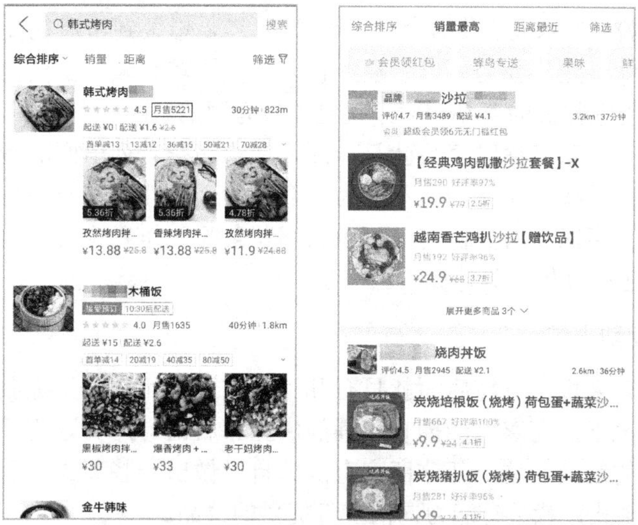

图 5-22　搜索“韩式烤肉”和“沙拉”的结果

这就好比在一个用户喜食湘菜的地区，可能很多商家都会提供以湘菜为主的很多菜品，此时，如果你还提供湘菜的话，就需要面对很强的竞争压力，要取得成功并不容易。但是，如果此时你提供的是川菜，虽然市场的总需求量并没有湘菜那么大，但是，因为做川菜的商家比较少，所以，你获得的订单数量可能反而要比做湘菜更多。

因此，商家在制定菜单时，可以在外卖平台上查看各类菜品的销量，如果某一类菜品，做的店铺比较少，但是却有一定销量，那么，做该品类的菜品很可能会更容易获得成功。

5.3　深入分析，做好自我定位

做任何事，要想获得成功都得做好内部准备和外部准备。在制定菜单的过程中，做好用户定位和品类定位是做外部准备，但只进行外部分析只能让你知道怎么做更容易获得成功。如果你不能做好自我定位，做一些自己根本做不好的事，那也是难以获得成功的。

因此，在制定菜单的过程中，商家还需要深入地进行自我分析，做好自我定位。明白自己能够提供的菜品有哪些，哪些菜品是适合做外卖的，怎样做才可以让自己提供的菜品更让消费者满意等。

5.3.1 明白自己能够提供的菜品有哪些

俗话说得好：“术业有专攻，”每一门技艺要想做到精通往往都需要一段时间的学习。这就导致了我们可以掌握的技艺往往比较有限，做菜也是如此，每个人会做，而又能做得好的菜品相对来说是比较有限的。

而作为一个商家，你的菜品就是商品，在给消费者列出商品清单之前，你需要明白自己可以做哪些菜品，而不能为了商品的全面性，写一些自己根本做不出来的菜。那么，商家如何分析自己可以做哪些菜呢？作者认为，这个问题主要可以从两个方面进行分析，具体如下。

1．自己能动手做

对一些商家来说，可能店面就只有几十平方米，而自己又是做过厨师的。所以，在这种情况下，商家可能拥有店铺的店主和店铺厨师长这两重身份。也正是因为有做厨师的经验，这一部分商家有能力自己做出一些菜式。而这些商家自己有能力做出的菜式，就是有能力向消费者提供的菜品。

▶ 温 馨 提 醒

虽然每个商家自己能做出的菜品不尽相同，也不是说只有商家自己能做出来的菜式才能作为菜品提供给消费者。但是，不能否认的一点是，如果商家自身有烹饪方面的经验，在外卖的口味方面会更有发言权，也有利于店铺创新菜品。而且很多商家也正是因为有烹饪经验，才做外卖这一行的。

2．可以请到厨师来做

可能对于大多数外卖店铺来说，光是自己能动手做的菜品还不足以组成店铺的菜单。这主要有两方面的原因。首先，商家自己能做出的菜品可能比较少，如果只提供这些菜品，消费者的选择空间相对比较窄，而菜品对消费者的整体吸引力也相对较弱。其次，即便商家自己会做一些菜品，但是，商家作为店铺的管理者，日常事务本身就比较多，可能并没有太多的时间来做菜。而且如果是一家销量较高的店铺，单靠商家自己做菜，那出餐速度很可能跟不上消费者需求。

所以，但凡是规模稍大一些、销量高一些的店铺，一般都会聘请一些厨师。而对这些请厨师的店铺来说，厨师能够做出来的菜式，也就成了店铺能够为消费者提供的菜品。

当然，请厨师是外卖店铺发展过程中必然要经历的一件事，但是，即便是请厨师，商家也需要根据自身的需求来进行。如果商家只是单纯的请一些可以按照菜单做菜的人，只需请一般的厨师，甚至请一些懂得做菜的人就可以了。这样也可以节省请大厨所花费的费用。

如果商家是想打造特色外卖店铺，立志为消费者提供一些特色菜品的话，就需要请一些具有一定实力且敢于创新的厨师。而此时商家在选厨师时不应该“向钱看”，而应该要“向前看”。

▶温馨提醒

随着外卖行业的发展，消费者能够选择的菜品越来越多。商家在制定菜单时，不应该一味地追求菜品样式的全面。因为你店铺的菜品再多，也不可能超过其他店铺所能提供的菜品的总和。

更为关键的一点是，消费者最终决定在某家店铺下单，可能并不是因为你的店铺菜品多，而是你的店铺中有他（她）特别想吃的菜品。因此，商家在做自我定位时，应该重点考虑自己能够提供的菜品中，有哪些是比较能够吸引消费者的菜品，以及如何让这些菜品对消费者更具有吸引力。

5.3.2 哪些菜品是适合做外卖的

外卖实际上就是把线下餐厅搬到线上来做，这看似只是运营渠道的转移，但是随之而来的却是新的生存规则。在线下做餐厅，可能只要菜的味道好，消费者会愿意排队等候，甚至等了很久才吃上，还会觉得等得值，并给你的店铺好评，推荐朋友们来店消费。

而这样的情况在外卖行业是很难出现的。很多消费者之所以点外卖就是想要快点填饱肚子。如果你的店铺送餐时间较长、送餐超时，即便味道还不错，可能有一部分消费者仍会给你差评。更何况在送餐时间较长的情况下，菜品的味道通常是很难保证的。

因此，针对消费者的需求痛点，商家在制定菜单时，还需重点考虑哪些菜品适合用来做外卖。一般来说，商家在考虑菜品是否适合用来做外卖时，有两个衡量要素，具体如下。

1. 资金成本

因为每种菜品的制作原料各不相同，制作的工艺也存在一些差距。所以，生产的资金成本会有一定的差距。而商家做外卖肯定是不能做亏本生意的。因此，菜品的定价必然会高于其生产的资金成本。

商家需要明白的一点是，消费者在购买外卖时，都会有价格承受极限。如果你的菜品定价超过了这个极限，消费者可能看到价格之后就望而却步了。这样一来，店铺要想获得较高的订单量就比较难了。

当然，商家也可以控制利润，以相对较低的价格实现薄利多销。但是，这又怎么比得上选择一些生产价格相对较低的菜品，从源头上控制菜品的生产成本呢？更何况，选择生产成本相对较低的菜品，不但消费者愿意购买，商家自身也不必为了刺激消费而故意压低价格。

2. 时间成本

外卖就是一个与时间赛跑的行业，一方面，消费者点外卖就是为了在较短的时间内能填饱肚子；另一方面，时间对商家来说就是金钱，要想多赚钱，就要抓紧时间，保证出餐的速度。

而决定菜品出餐的速度，除了生产条件和生产水平，影响最大的就是菜品制作所需的时间。当然，这里的制作时间，并不是指菜品从原料到烹饪完成所需的时间，而是从接单到出餐所需的时间。

也就是说，给你做好所有的准备工作的时间，让你完成一些烹饪工作，你接到订单之后，多久可以出餐。这个时间成本对店铺来说非常重要，因为在下单高峰期，商家的订单量大，如果烹饪时间过长，商家的出单效率就会受到影响。

因此，商家在制定菜单时，一定要充分考虑各菜品所需的生产时间成本。如果一个菜品需要的现烹饪时间过长，那么，该菜品就不适合用来作为外卖的菜品提供给消费者。

5.3.3 怎样做才可以让自己提供的菜品更让消费者满意

商家制作菜单的目的不仅是要向消费者展示你可以提供的菜品，更关键的一点是通过菜品的展示，吸引消费者下单购买。而对大部分消费者来说，即便商家的菜品味道再好，如果长期提供相同的菜品，消费者也会慢慢地失去购买的兴趣。

所以，为了增加可提供的菜品数量，也为了增强整个菜单对消费者的吸引力，商家还需要积极进行新菜品的研发。通常来说，在新菜品的研发过程中，主要有两个可供参考的思路，具体如下。

1. 学做自己不会的

外卖行业处处都是竞争，同类店铺之间尤其如此。很多时候，消费者在面对同类店铺时，重点看哪家店铺能提供他（她）更感兴趣的菜品。在这种情况下，那些缺少消费者感兴趣的菜品的店铺相对来说就处于下风了。为了避免这种情况的出现，商家一定要努力学习，多学会做几个菜品，丰富自身的菜单。

例如，商家可能会做炒土豆片，却不知道如何做地三鲜。但是，同类店铺中地三鲜的销量却很高。此时，商家就需要学会做地三鲜。这不仅可以增加菜品数量，更关键的一点在于，通过该菜品，商家可能会吸引一批消费者前来光顾。

2. 做出别人不会的

相对来说，学做自己不会的菜品，只是在菜单上增加了一些其他商家也能提供的菜品而已。这对你的店铺来说是新菜品，但对消费者来说却未必是。所以，在开发新菜品方面，光做到这一点还是很不够的。

那怎么办呢？作者认为开发新菜品的核心在于勇于创新，做出别人不会的菜品。毕竟很多消费者在点外卖的过程中，或多或少会有一些尝鲜的心理。如果你能够提供他人提供不了的菜品，那么，你的店铺就相当于是垄断了该菜品的市场，而这样一来，你便可以获得大量订单。

例如，很多人很难将豆腐和虾联系在一起，也就更不用说是用这两种食材制作一个菜品了。其实，既然有豆腐鱼，那为什么不能有豆腐虾呢？

而就有这么一家店，用豆腐和虾制作了一道名叫“石板害羞虾”的菜品，如图 5-23 所示。先不说其他，光听这个菜的名字就有意思，虾还“害羞”了。而事实是，在该菜品中，一块块的豆腐就像石头一样挡住了虾。乍一看就像是虾因为害羞躲在了豆腐后面一样。

图 5-23 菜品“石板害羞虾”

有趣的名字，再加上看着就让人咽口水的图片，该菜品推出之后，快速获得大量订单，成为“网红”菜品。说起来，这也不过是用豆腐和虾制作了一个新菜品而已，却能快速取得成功。不得不说，在此过程中，创新起到了很大的作用，无论是菜名的创新，还是菜品自身的创新，都让消费者产生想要尝鲜的冲动。

第 6 章

引爆：寻常的菜品凭什么也能变成爆品

读前提示

对外卖商家来说，爆品菜品就是店铺最好的招牌。只要一家店铺有一个爆品，就能在一段时间内获得源源不断的客源。

但是，大多数商家提供的可能只是寻常菜品，那么，这些菜品如何变成爆品呢？这一章作者就重点解答这个问题。

要点展示

6.1 针对用户群体，营造爆破点

6.2 打破常规思路，以创新取胜

6.3 体验与质量并重，爆品自然来

6.1 针对用户群体，营造爆破点

一个菜品之所以能够成为爆品，除了其自身的特色，还在于它找准了目标用户群体的核心需求。因此，商家要想让自己的菜品变成爆品，最关键的一点还是针对用户群体，营造爆破点。

6.1.1 找到消费群体的痛点

痛点是指消费者的主要消费诉求，也是影响消费者消费行为的最主要因素。商家如果能够找到消费群体的痛点，并让其“不再痛”，那么，消费者就会用购买行动来支持你。

可能有的商家会有疑问，大家都知道寻找消费痛点的重要性，但是，要如何找到消费痛点，并让痛点“不再痛”呢？作者认为，我们不妨按照 3 个步骤来解决这个问题，具体如下。

1. 确定主要消费群体

对商家来说，每种菜品都是有一定的消费群体的。与其想着把菜品卖给所有人，不如先分析哪些人是该菜品的主要消费群体。这主要是因为，这一部分人是菜品购买力的来源，而他们的核心诉求很可能就是菜品的消费痛点。

关于主要消费群体的寻找，作者已经在5.2.2节中进行了详细解读，这里就不再赘述了。

2. 分析并找出消费痛点

确定菜品的主要消费群体之后，商家接下来需要做的就是通过分析找出这一部分人的消费痛点。具体来说，商家可以通过分析主要消费群体的消费习惯和行为、换位思考、揣摩消费者下单时的想法等方式，了解主要消费群体的消费诉求，并从中分析出消费痛点。

3. 让痛点“不再痛”

从整个过程来看，让痛点“不再痛”是真正的重头戏。那么，如何解决消费群体的消费痛点呢？

作者认为最重要的一点是，商家要学会运用创新思维，将一个领域的痛点与另一个领域的成熟技术进行结合，让原本看来不可能实现的事也有实现的可能。

在共享单车出现之前，很多人都知道公交车并不能把人送到自己楼下，而且因为路上的机动车比较多，在出行高峰期，很可能会出现拥堵情况，让许多人的时间白白浪费在路上。

一些公司就是看到了这一痛点，通过互联网技术和单车的结合，推出了摩拜单车、ofo小黄车等，很好地解决了消费痛点，让人们的“最后一公里”也能变得十分便利，从而引领我们进入共享时代。

在外卖领域也是如此。商家可以根据消费群体的消费痛点，进行不同领域的融合。例如，很多人都喜欢吃火锅，但是，现做的火锅，不但不利于运输，还不能长时间保存。而且从点外卖到吃上外卖还要一段时间，如果消费者肚子饿了又不想吃其他东西，就只能等了。

针对这一情况，一些聪明的商家结合方便面的保存技术，推出了如图6-1所示的即食火锅。消费者买到之后，只需像泡方便面一样用开水将里面的菜和调料泡好即可食用。其还可以像方便面一样储存一段时间，放在家里以备不时之需。正因为如此，该火锅推出之后，迅速成为网红食品。

图 6-1　即食火锅

6.1.2　将性价比作为突破点

在网购时，你最想选择的是哪一类产品？是价格低的山寨货、价格高的品牌产品、还是性价比高的口碑产品？问题的答案显然是一目了然的。其实，消费者在订外卖时也有同样的想法，谁都希望自己能用相对较低的价格，买到想吃的菜品。

那么，商家如何提高菜品的性价比，让消费者觉得你的菜品是物有所值，甚至是物超所值呢？作者认为可以从 3 个方面着手，具体如下。

1．价格

价格是消费者在下单购物时最直观的感受来源，虽然价格低并不意味着性价比高，但在消费者看来，价格相对较低的菜品更有可能性价比较高。所以，许多消费者在点外卖时，还是会选择同类中价格相对较低的菜品。

如图 6-2 所示为两家店铺中绿豆粥的商品描述界面。可以看到，同样是绿豆粥，第一家店铺的价格仅为 6 元，而第二家店铺的价格却是 13 元。同样的菜品，价格相差一倍有余。

如果是你，你会选择哪家店铺的绿豆粥呢？答案想必是不言而喻的。也正因为如此，第一家店铺的绿豆粥月销量超过 1000 单，而第二家店铺的绿豆粥销量却只有 24 单。

2．味道

虽然很多人在订外卖时会比较在意价格，但是，也有一部分人会觉得只要好吃，价格稍微高一点也是可以接受的。而在价格相近的情况下，味道在消费者心中的重要程度也会相应地提高。

图 6-2　两家店铺中绿豆粥的商品描述界面

如图 6-3 所示为两家店铺中蛋炒饭的商品描述界面。可以看到，第一家店铺的蛋炒饭的价格为 10 元，月销量却达到了 230 单；而第二家店铺的蛋炒饭的价格为 8 元，月销量却仅为 17 单。

图 6-3　两家店铺中蛋炒饭的商品描述界面

明明第一家店铺的蛋炒饭的价格相对较高，销量却要更多一些。这是为什么呢？作者认为这可以从消费者的评价中看出端倪。在第一家店铺中，有 17 个消费者为蛋炒饭点赞，而在第 2 家店铺中，却没有消费者点赞，有的只是两个“踩”。

这就说明第一家店铺的蛋炒饭在整体上更让消费者满意，而消费者在评价时味道是重要的参考依据。其他消费者在看到评价时，也会默认将其看成是对味道的评价。因此，商家如果能够保证菜品的味道，就更容易让消费者觉得物有所值，进而给出好评。

3. 分量

每个菜品都是有相对固定的分量的，而在消费者看来，分量也是性价比的重要衡量标准之一。在其他条件相同的情况下，分量较多的菜品，其性价比相应也就更高一些。

例如两家店铺的牛肉面价格相同，面条的分量和质量也都差不多。但是一家店铺的牛肉面里有 10 片牛肉，而另一家店铺的只有 5 片（假设每片牛肉的大小大致相同）。那么，消费者自然就会认为第一家店铺的牛肉面的性价比要更高一些。

6.1.3 打造专属的个性品牌

看到一些品牌铺天盖地的广告，我们有时可能会想，这么多广告需要多少成本啊？这要卖出多少东西才能赚回广告成本呢？品牌负责人自然也明白这样做会产生一笔高昂的广告费用，但还是这么做了，这又是为什么呢？

作者认为这主要是因为通过广告可以增强品牌号召力，让更多消费者看到这个品牌及这个品牌的个性，从而让消费者关注该品牌，并在有消费需求时将该品牌作为重要的考虑对象。

当然，做广告只是塑造个性品牌的一种方式，除此之外，商家还可以选择从其他方面切入。例如，取一个响亮的名号，让品牌更好地传播出去。再如，打造行业内具有代表性的品牌，让消费者在购买某一类产品时，首先想到的就是你的店铺。

说到“周黑鸭”这个品牌，大家应该都不陌生，这是一个以提供卤鸭制品为主的品牌。如图 6-4 所示为周黑鸭的主要产品。

其实市面上有很多提供卤鸭制品的品牌，那么，周黑鸭凭什么就能从中脱颖而出呢？作者认为这与该品牌的企业文化是有很大关系的。周黑鸭的食字文化（“食”=“人”+“良”）认为，做食品的人要有良心，这也是该品牌的道德底线。

因此，周黑鸭不仅保证了食品的口味，而且在食品的安全等方面都做得比较好。我们几乎很难看到该品牌的负面新闻。除此之外，该品牌的保存、运输技术也为其加分不少。

图 6-4　周黑鸭的主要产品

卤制品因其特性，很容易出现变质、变味的情况。而周黑鸭特有的锁鲜技术就很好地解决了这一问题。周黑鸭在锁鲜方面做得很出色，只要气温不是特别高，不将周黑鸭的产品放进冰箱，两天内基本上不会出现变味、变质的情况。

正因为如此，周黑鸭变成了一个质量有保证且保鲜技术较好的品牌。随着品牌的发展，周黑鸭的品牌知名度越来越高，越来越多的消费者也开始成为该品牌的忠实消费者，而周黑鸭的许多产品也变成了爆品。

6.1.4　用招牌菜品打造 IP

将一道看似寻常的菜品打造成爆品通常有两种思路，一种是通过品牌打造等外界因素，带动菜品的销售；另一种是把菜品做出特色，用招牌菜打造 IP，进而让菜品“自爆”。

凡事都是说起来容易，做起来难。要将菜品打造成招牌菜，甚至是 IP 产品，要如何操作呢？作者认为可以重点从两个方面着手，具体如下。

1. 做出特色

要想打造一道招牌菜，通常要求菜品本身有其自身特色。毕竟，如果你的产品和别人的一样，没有自己的特色，那消费者为什么要选择你的产品呢？

之前，网络上突然有一款产品爆红，其不过是一款巧克力面包，却得到了许多明星的推荐，并快速刷爆了朋友圈。相信大家已经猜到这款产品了，它就是

“脏脏包”。脏脏包就是看起来脏脏的，吃完之后嘴巴旁边也会变脏的一款面包，如图 6-5 所示。

图 6-5　脏脏包

那么，这款脏脏包凭什么成为网红食品呢？作者认为，该产品虽然看着脏，但是吃过的人都表示其是不可多得的美食。这样一来，它便在许多人心中建立起一种鲜明形象，这也是它的特色所在。但是对广大“吃货”来说，好吃才是王道，吃个东西还顾什么形象。因此，脏脏包自然而然也就成了“网红”食品。

许多消费者在下单时可能会比较重视购物体验，只有那些他们觉得看起来不错、值得一尝的菜品才会更具吸引力。那么，怎样才能让消费者觉得看起来不错、值得一尝呢？这从根本上来说还是得让消费者看到菜品的特色，让消费者觉得在别的地方可能吃不到。

2．重点展示

互联网技术的发展，让全球变成一个地球村，而在这个“村”里发生的事情都有可能变得人尽皆知。在这种情况下，消费者可以得到的信息丰富而庞杂，即便是选个菜品，可选项也是非常多的。

而商家要想将菜品打造成爆品，首先还得让尽可能多的消费者看到你的菜品，保证潜在消费者对菜品的认知度。当然，让你的菜品随时都能被消费者看到的可能性不太大。但是，商家至少可以让消费者在进入你的店铺后，先看到你想要打造成爆品的菜品。

例如，店铺可以将左侧菜单栏的第一项设置为“热销”，并按照菜品的销量进行排序，让消费者看到店铺中销售得好的菜品，并将排在前列的菜品打造成爆品。如图 6-6 所示为两家店铺的首页，可以看到，这两家店铺采用的就是这种方法，而且因为排在第一位的菜品销量很高，通常会让许多消费者在看到后就会下单购买。

图 6-6　两家店铺的首页

6.1.5　菜品迭代寻求新可能

再好吃的菜吃久了也会让人觉得腻，其实，很多消费者在订外卖时也会有这种想法。所以，如果商家想要让店铺保持对消费者的吸引力，打造更多爆品，还得进行菜品的迭代，用新菜品寻求新的可能性。

当然，对商家来说，进行菜品的迭代并不是很难，难的是将迭代后的菜品打造成爆品。其实，商家只要做好两点，迭代后的菜品可能很容易就会变成爆品，具体如下。

1. 加入一些小心思

很多时候，一个菜品之所以可以成为爆品，就在于卖家在其中加入了一些小心思，从而让其更好地符合消费者的需求。

例如，很多水果店老板可能有过这样的体验：虽然在夏天对西瓜的需求较大，但是西瓜销量却没有想象中那么多。之所以出现这种情况，很可能就是你的销售方式不对。

随着生活节奏的加快，消费者希望获得更便捷的食用体验。同样是卖西瓜，如果商家能给够像图 6-7 一样，给西瓜配勺子，很可能就会让销量出现大幅提升。

从单卖西瓜到给西瓜配勺子，这其中商家只是做出了小小的改变，却满足了很多喜欢用勺子吃西瓜，又不想去买勺子的消费者的需求。在外卖中尤其如此，消费者点外卖就是为了方便，如果想用勺子吃西瓜还要再去超市买一个勺子，那对消费者来说实在是有些麻烦了。

图 6-7　给西瓜配勺子

2．让消费者给你主意

消费者真正需要什么样的产品，可能只有消费者自己知道。而商家要想将自己的菜品变成爆品，就得先了解消费者的需求，并满足其需求。对此，商家可以想办法让消费者给你出主意。

例如，商家可以查看消费者的评价内容，并选取其中相对中肯的意见作为新品迭代的调整依据。除此之外，还可以通过调查问卷的方式，收集消费者的意见，并根据数据来打造让消费者更满意的新品。如图 6-8 所示为某饮料的调查问卷。

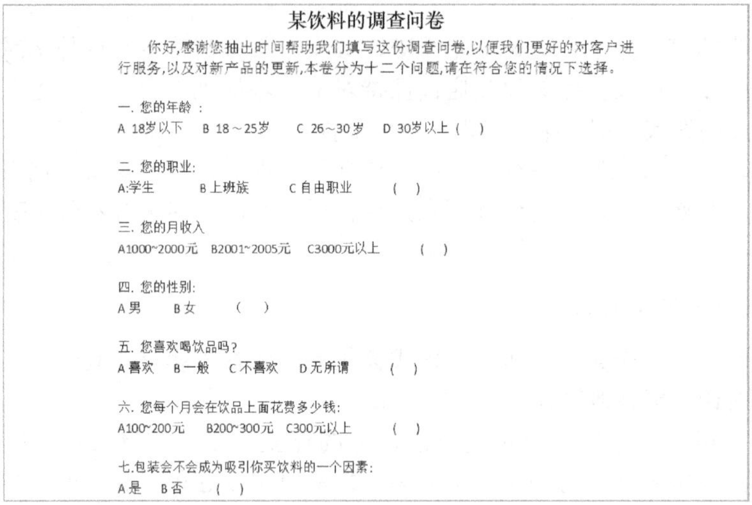

某饮料的调查问卷

你好,感谢您抽出时间帮助我们填写这份调查问卷,以便我们更好的对客户进行服务,以及对新产品的更新,本卷分为十二个问题,请在符合您的情况下选择。

一. 您的年龄：
A 18岁以下　B 18～25岁　C 26～30岁　D 30岁以上（　）

二. 您的职业:
A:学生　B上班族　C自由职业　（　）

三. 您的月收入
A1000~2000元　B2001~2005元　C3000元以上　（　）

四. 您的性别:
A男　B女　（　）

五. 您喜欢喝饮品吗?
A喜欢　B一般　C不喜欢　D无所谓　（　）

六. 您每个月会在饮品上面花费多少钱:
A100~200元　B200~300元　C300元以上　（　）

七.包装会不会成为吸引你买饮料的一个因素:
A是　B否　（　）

图 6-8　某饮料的调查问卷

6.2　打破常规思路，以创新取胜

许多外卖商家做生意就是看市场需求，更准确地说就是看当时的市场需求。这样看似是找到了需求，实则不然。因为你以为的市场需求，只是市场当时的需求。因为从研发菜品到将其上线出售，是需要一个过程的，在这个过程中，市场的需求可能会出现一些变化。

另外，即便市场上对该菜品的需求仍比较大，但是，当你的店铺开始销售该菜品时，那些第一批生产该菜品的品牌已经收获了一批忠实的消费者。而且可能有许多商家和你是同样的想法，纷纷做这个菜品来加入角逐。在这种情况下，商家要想获得预期的订单量就比较困难了。

其实，商家要想获得更多销量，将菜品打造成爆品，与其追逐市场需求，不如通过创新，让市场追逐你的菜品，引领市场潮流。

6.2.1　在失败中探寻新思路

外卖是一个竞争非常激烈的行业，商家要想获得成功并不是那么容易的一件事。在此过程中，大多数企业可能会经历失败。对此，商家需要明白的一个道理是“失败乃成功之母”。失败并不可怕，只要正视失败，并从中总结经验，不断完善自身，成功就会离你越来越近。

“今麦郎”是国内以提供方便面为主的品牌，虽然该品牌现在来说是比较成功的，但其在发展过程中也经历了一些失败，而其之所以能够成功，就是从失败中探寻出了新的发展思路。

大多数人不知道的是，我们熟悉的今麦郎方便面最初的名称是华龙面，作为国内较早出现的一个方便面品牌，华龙面凭借自身优势和定位，很快就占领了农村市场。如图 6-9 所示为华龙面。

图 6-9　华龙面

虽然华龙面占领了农村市场，但是，农村对方便面的需求并没有预期中那么高，而且农村消费者的消费能力相对较低，利润空间相对比较狭窄。所以，华龙面开始尝试进入城市，寻求新的发展。然而，几经努力却始终没有取得想要的效果。

面对一次次的失败，华龙面并没有选择放弃，而是从自己的失败中总结经验，不但将企业改名为今麦郎，还根据城市消费者的需求，研发出方便面新品种——弹面。当然，今麦郎也有相对普通的方便面品种，而为了让产品更具优势，该品牌也重点突出了分量多的特点。如图 6-10 所示为今麦郎方便面。

图 6-10　今麦郎方便面

今麦郎成功进入城市市场后，整个品牌获得了快速发展，今麦郎也成为方便面行业的领先企业，甚至一度与康师傅、统一一起在方便面行业形成了“三足鼎立”的局面。

就在方便面市场日益饱和的情况下，康师傅、统一等品牌纷纷开发新产品，进军饮料行业。今麦郎在看到对手的举动之后，也知道要想获得发展，还得从其他领域寻求机会。

可能是因为康师傅和统一都进军饮料行业，今麦郎想跟随老对手的脚步，或者说是想在另一个领域再次与老对手竞争。所以，今麦郎也推出了自己的饮料产品，如图 6-11 所示为今麦郎冰红茶。

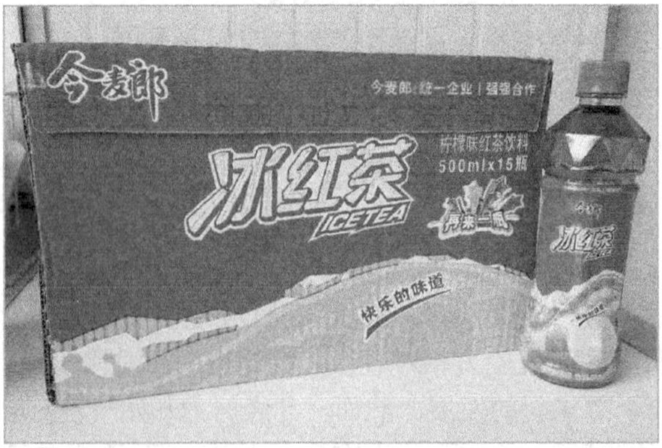

图 6-11　今麦郎冰红茶

大概是因为饮料市场日趋饱和，再加上市面上做饮料的企业比较多，而且不断有新企业加入。所以，今麦郎推出饮料之后，虽然营销活动做得不少，但是，市场份额和销量却一直都不怎么理想。

今麦郎在饮料领域的发展面临了困境，而其在方便面领域积累的影响力也开始受到白象、五谷道场和农心等品牌的影响。今麦郎在方便面和饮料行业同时遭遇了滑铁卢，而该品牌能否再次获得快速发展，重新获得可以与康师傅、统一同等的实力，还得看其能否在失败中再次探寻新的发展思路。

6.2.2 创新带来思想的解放

创新就是以有别于常规的新思维来指导行动，而新思维的获得则在于通过思想的解放，寻求更多可能性。就餐饮行业而言，商家可以按照两种创新方向，为店铺的发展提供动力，具体如下。

1. 自我创新

对餐饮行业来说，要获得发展主要还得依靠产品本身。对此，商家可以从口味、价格、服务和包装等方面对产品相关的各项内容进行创新，为消费者提供更好的消费体验。

2. 跨界创新

虽然一个餐饮企业的发展主要得依靠企业自身，但是，对大多数餐饮企业来说，自身实力和同类知名企业相比还是有一些差距的，要想凭借自身现有条件在竞争中取得优势并不是一件容易的事。

在这种情况下，餐饮企业可以转变思路，通过与其他企业，最好是不同领域的企业达成合作，以跨界合作的方式，增加餐饮企业的宣传渠道，让自身获得更多发展的机会。

当然，餐饮行业的创新并不是一件容易的事，除了明确创新方向，还得掌握一定的创新方法，让创新变得有据可依。例如，商家可以从产品自身出发，重点提高产品的品质，提升产品的口碑，生产出消费者更满意的产品。

薯片可以说是思想解放的产物。传说薯片出自一位美国大厨之手，有一天一位客人点了一道“油炸马铃薯”，可是大厨按照平时的做法做出这道菜之后，客人却觉得厨师把马铃薯切得太厚。即便厨师将薯片切薄了一些，客人仍旧觉得薯片切得太厚了。菜品接连几次被退回来，大厨觉得这位客人太难伺候了，于是有些气愤地将马铃薯切成了薄片，炸成脆片，并撒上了盐，没有想到的是，这道菜品却让客人大为称赞。如图 6-12 所示为由薄片炸成的薯片。

图 6-12　由薄片炸成的薯片

就这样，薯片在不经意之间就诞生了，而且因为是新品，并且消费者都认为这道菜品非常美味，所以，薯片很快就成为该餐厅的爆品。紧接着各大餐厅在摸索中都推出了自己的薯片，甚至将薯片从菜品变成了零食。

其实，纵观薯片的诞生，实际上就是思想解放的结果。正是因为客人不满意，所以，大厨对产品自身进行了调整，从而让产品以一种全新的形式出现，创造出一种新的菜品。

6.2.3　颠覆餐饮行业旧思维

一个行业要想获得突破性的发展，就不能墨守成规，而是需要通过颠覆传统思维，以一种新的方式给行业赋予更多发展的可能。其实，外卖行业自身就是颠覆传统思维的产物。

外卖实际上是由餐饮行业延伸出的一个行业。在外卖还没有出现的时候，餐饮行业主要是在实体店提供服务，而此时大多数商家的想法是，要想让一个餐饮店铺获得更好的发展，除了保证味道、提高好评率，最重要的是通过扩大店面，增加店铺的接待能力。

外卖出现之后，商家将店铺搬到了线上，甚至一部分商家直接就将主要战场转移到了外卖上。而这样一来，商家无须再像传统餐厅一样，为了增加接待能力而大肆扩张店面。甚至一些纯外卖的店铺都不再在线下接待消费者，而是开一个小店面，重点建造厨房。

例如，许多人喜欢吃火锅，但是自己做的话，要买菜和配料，吃完之后还要清洗餐具，这就让吃火锅这个本该十分享受的行为变得有些麻烦了，有的人也因此放弃了吃火锅的想法。

为了满足这一部分消费者的需求，部分外卖商家推出了麻辣烫，直接把火锅做好之后送到消费者手中。虽然这样一来消费者也尝到了火锅的味道，但是，麻辣烫和火锅还是有一定区别的，而且在运送过程中也容易出现汤汁漏洒的情况。

针对这一情况，一个名叫“馐馐”的品牌，颠覆传统，创造性地开创了一次性火锅。商家将一次性锅、肉、菜和配料都送给消费者，消费者可以真正享受火锅的滋味，而且因为锅是一次性的，消费者在食用完之后，也无须清洗炊具。正因为如此，该外卖快速获得了市场的认可。如图 6-13 所示为“馐馐”的宣传海报。

图 6-13　“馐馐”的宣传海报

虽然外卖商家要获得突破性发展离不开对传统的颠覆，但是在开始之前，商家还需要对颠覆行为进行分析，不能乱做调整。否则，不仅不能获得预期的发展，还有可能让自己的店铺陷入困境。

6.2.4　开拓外卖营销新局面

在这个“酒香还怕巷子深”的时代，任何产品从普通商品到爆品都需要靠营销来支撑，只有营销得好，才有可能“赢销”，外卖菜品显然也是如此。一个普通的菜品要想成为爆品，就得开拓营销新局面。

具体来说，商家在开拓营销新局面的过程中，重点可以从两个方面进行突破，具体如下。

1. 增加营销渠道

一道菜品能否成为爆品，最直接的评判标准就是其销量能否达到一定的数量。而菜品的销量又需要销售渠道来保证，通常来说，一家店铺的销售渠道越多，各渠道的流量越大，店铺的销量就会越高。

所以，为了让菜品获得更多被大众熟知的机会，商家需要尽可能多地增加营销渠道，让消费者更容易看到你的店铺。对一般商家来说，自己打造一个外卖平台有一定的难度，也没有必要。对此，商家可以选择在国内几个知名外卖平台上开设店面，这样一来，大多数消费者都有机会看到你的店铺。如图 6-14 所示为某商家在不同外卖平台中开设的店铺，很显然，该店铺就是通过增加营销渠道开拓外卖营销新局面的。

图 6-14　某商家在不同外卖平台中开设的店铺

2. 增强营销效果

开拓外卖营销新局面主要有两个方面，一方面是通过增加营销渠道，让消费者有更多机会接触到你的店铺；另一方面是通过增强营销效果，让消费者可以更快地看到你的店铺。

增强营销效果的方法有很多，比较常见的一种是通过打广告等方式进行广泛宣传，让潜在消费者知道你的店铺。除此之外，商家还可以增强店铺的展示效果，让店铺出现在消费者关注的位置。

大多数外卖 App 的显眼位置一般都设有优质商家展示版块。例如，“饿了么”App 中就设有“品质优选”版块，在该版块中向消费者展示附近的品牌商家，如图 6-15 所示。

其实，在其他外卖 App 中基本上也都设有相似的版块。例如，“美团外卖”App 中就设有“为你优选”版块，如图 6-16 所示。

图 6-15 “饿了么”App 中“品质优选”版块的相关界面

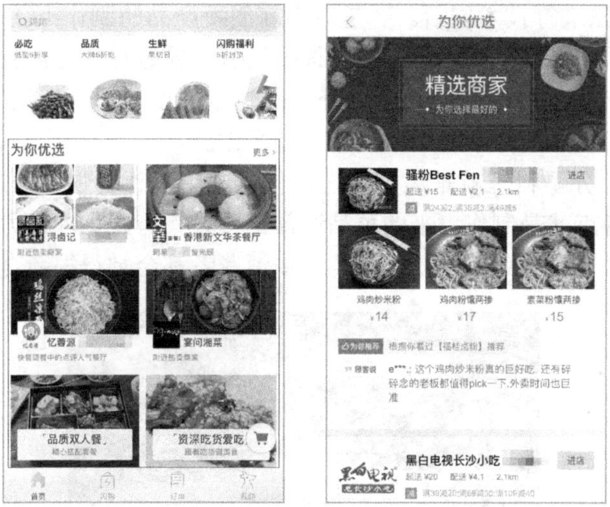

图 6-16 “美团外卖”App 中“为你优选”版块的相关界面

▶ 温 馨 提 醒

与商家自行营销不同，这些商家是通过外卖平台的相关版块进行展示的，而要想获得展示权，商家在销量和服务等方面都需要符合一定的条件。所以，消费者往往会认为这些商家比一般商家更为可靠。因此，外卖商家如果能够让自己的店铺出现在该版块中，就会获得较强的营销效果。

6.2.5 通过技术创新创造新契机

对消费者来说，是否购买一道菜品，价格、味道和服务等方面自然是需要重点关注的。其实，除了这些，部分消费者还会希望点外卖不只能填饱肚子，还能吃到新奇的食物。

而要想让消费者对菜品产生新奇感，最直接的做法就是通过技术创新，给消费者营造不同的感受。当然，技术创新说起来容易，要做到却并不容易，因为技术创新要获取成功是需要具备一定条件的。

例如，在进行技术创新时，应该从店铺自身出发，根据运营经验，寻求适合自身的创新方向；技术创新并不是说做就能做的，在此过程中，必须要有经济基础做保障；技术创新的重点在于创新，所以，在进行技术创新的过程中还需要用创新思维做引导。

除此之外，商家在进行技术创新时还得找到合适的方法。一般来说，商家可以通过 3 种方法进行技术创新。一是对当前创新产品的制作工艺进行完善；二是整合现有资源从中寻找创新思路；三是根据运营经验进行自主创新。

纵观外卖市场上的爆品，其中就有一些是通过技术创新产生的。例如，曾经一度刷爆微信朋友圈的分子料理就是来自技术创新。

通俗来说，分子料理就是运用物理和化学理论，让食物的味道和形态发生变化。其最大的特点就是制作出来的菜品通常都比较具有视觉冲击力。如图 6-17 所示为分子料理，光是看到上面的火焰，许多消费者都会觉得很新奇。

图 6-17　分子料理

6.3 体验与质量并重，爆品自然来

一道菜品能否成为爆品，菜品自身的属性当然重要。但是，光做到这一点可

能还是不够的。因为消费者在消费的过程中，不仅会考虑菜品的价格、味道，还会考虑消费体验和服务质量。

如果商家能够为消费者提供极致的消费体验，给消费者提供高质量的服务，那么，你提供的菜品在消费者心中的印象分就会提高不少，而这样一来，菜品的销量自然而然就会增加，要将菜品打造成爆品也就只是时间问题了。

6.3.1　提供极致的消费体验

爆品菜品的打造，看似只要将菜品做好就行，与消费体验没有太大的关系。实则不然，消费者对店铺菜品的评价不仅会考虑菜品的味道，还会重点考虑整个消费体验。

如果商家能够为消费者提供极致的消费体验，即使菜品的味道并不是非常出色，消费者可能也会给好评，甚至还会持续关注。反之，如果消费体验比较差，即使菜品的味道还过得去，消费者很可能也不会再光顾了。

当然，极致消费体验的打造事关消费的整个过程，商家需要做的就是把握好各关键环节，增加消费者对整个消费过程的满意度。

以餐盒为例，如图 6-18 和图 6-19 所示分别为普通的外卖餐盒和精致的外卖餐盒。同样都是餐盒，如果菜品的味道完全相同，你会更满意哪种外卖餐盒盛放的菜品呢？答案是显而易见的。

图 6-18　普通的外卖餐盒

图 6-19　精致的外卖餐盒

6.3.2　用高质量的服务赢得认同

商家在经营的过程中一定要明白一个道理：外卖并不是一锤子买卖，一家店铺要想获得持续发展的动力，还得为消费者提供高质量的服务，赢得消费者的认同，从而让店铺获得更多订单。

和消费体验的营造相同，高质量的服务也应该体现在整个消费过程的方方面面。那么，商家应如何提高自身服务质量呢？其中一种比较简单、直接的方法就是听取消费者的意见并进行完善。

例如，商家可以重点查看消费者给店铺的差评内容，然后做好两方面的工作。一方面是及时反馈，让消费者看到你对他（她）的重视；另一方面是总结消费者的意见，找到店铺的服务改善方向，为消费者提供更高质量的服务。如图 6-20 所示为部分消费者给出的差评及商家的回复。

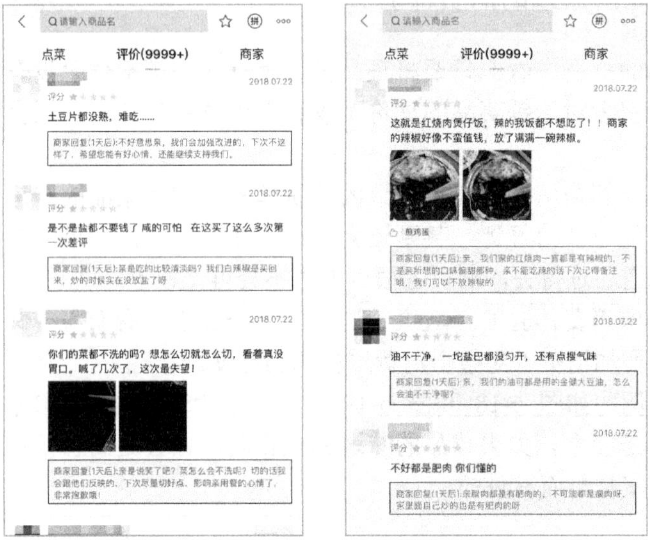

图 6-20　部分消费者给出的差评及商家的回复

第 7 章

借力：怎样借助外卖平台让订单量倍增

读前提示

外卖商家要想赚钱，首先就得让店铺拥有一定的订单量。而对大多数商家来说，要建立自己的外卖平台并不容易，所以，更多的还是要借助第三方外卖平台。

虽然入驻外卖平台之后，商家的销售渠道增加了，但是，要想让订单量成倍增长还得学会借助外卖平台的力量。

要点展示

7.1　如何快速入驻及管理店铺

7.2　外卖平台有哪些入驻方式

7.3　有哪些外卖平台可供使用

7.1　如何快速入驻及管理店铺

从选定平台，到入驻、登录，再到商品上传和订单管理，商家在外卖平台中需要进行的操作相对来说是比较多的。那么，如何快速入驻并管理店铺呢？这一节作者就以美团“开店宝”为例进行说明。

7.1.1　外卖平台的入驻流程

外卖平台的入驻流程，根据商家选择的平台不同会有所差异。商家在操作时只需找到入驻入口，根据相关提示进行操作即可。

美团“开店宝”是美团和大众点评为商家提供的一家店铺管理平台，如果商家选择在美团上开设店铺，可以通过美团宝进行入驻，具体操作如下。

步骤 01　打开常用的浏览器，在搜索栏中输入“开店宝”进行搜索，或直接利用链接地址“http://e.meituan.com”进入“开店宝”官网，单击首页中的“注册账号，免费入驻”按钮，如图 7-1 所示。

图 7-1 “开店宝”官网首页（注册界面）

步骤 02 完成操作后，进入“美团商家中心”，在该界面中，商家需要选择合作行业。商家可以选择的合作行业包括“美食”“外卖”“酒店”“境内旅游”“综合商家”。这里，作者以“美食”类为例进行说明，如图 7-2 所示。

图 7-2 “美团商家中心”界面

步骤 03 操作完成后，进入“开店宝 美团点评餐饮商家”界面，单击该界面中的“餐饮商户合作”按钮，如图 7-3 所示。

图 7-3 “开店宝 美团点评餐饮商家”界面

步骤 04 执行操作后，进入“注册账户”界面，❶在该界面中填写账号、密码、手机号和验证码等信息；填写完成后，❷单击下方的“注册”按钮，如图 7-4 所示。

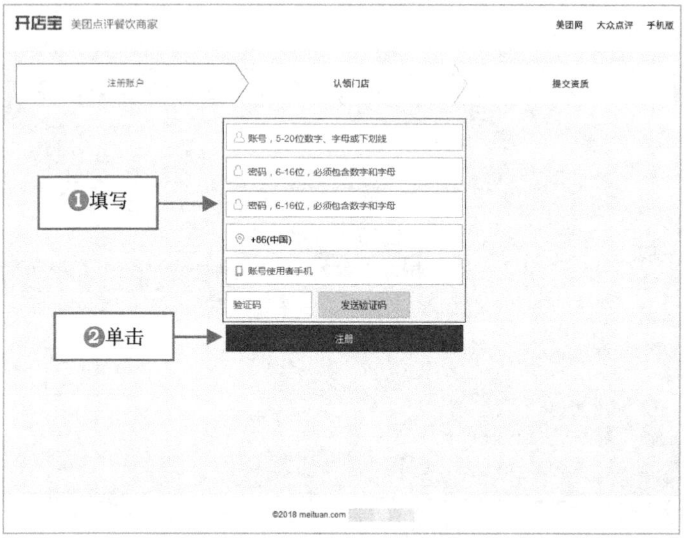

图 7-4 “注册账户”界面

完成账户注册后，商家还需要确认认领门店、提交资质。之后，系统会将相关信息交由美团业务人员核实。核实无误后，商家便可以上线运营了。

▶ 温 馨 提 醒

注册完成后，商家可以获得一个外卖平台的账号。该账号及其密码的重要性对商家而言不亚于银行卡的账号和密码，商家不仅要牢记，更要防止泄露，以免造成不必要的损失。

7.1.2 后台的登录步骤

注册完成后，商家就拥有了外卖平台的账号。接下来，商家需要做的就是用自己的账号登录后台，以便对相关内容进行管理。

商家可以通过两种方式进入“开店宝”后台，一种是直接从官网登录；另一种是下载“美团外卖商家版”，然后输入账号、密码，随时查看店铺的相关信息。

下面，作者就以第一种方式为例进行说明，通过官网登录“开店宝”后台的相关步骤如下。

步骤 01 进入“开店宝”官网，❶在官网首页中正确填写账号和密码；填写完成后，❷单击下方的“登录”按钮，具体如图 7-5 所示。

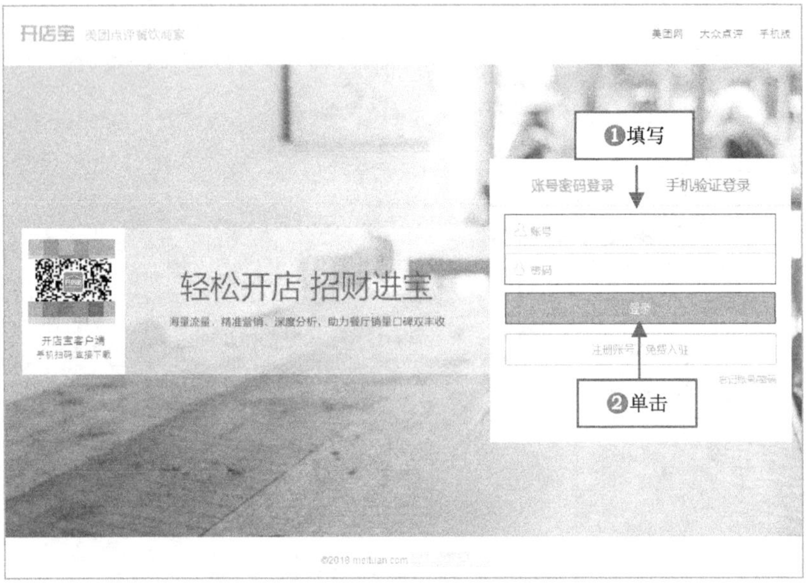

图 7-5 “开店宝”官网首页（登录界面）

▶ 温 馨 提 醒

商家可以通过两种方式登录“开店宝”后台，除了“账号密码登录”之外，还可以在如图 7-6 所示的界面中，通过“手机验证登录”的方式登录。

图 7-6 “手机验证登录”界面

步骤 02 执行操作后，如果进入如图 7-7 所示的界面，就说明登录成功了。

图 7-7 登录成功界面

7.1.3 了解菜品的上传操作

商家登录“开店宝”后，便可以对店铺中的相关内容进行管理。例如，可以进行商品上传操作。具体来说，商家可以通过如下步骤，在“开店宝”中上传商品。

步骤 01 登录“开店宝”，❶单击左侧菜单栏中的“业务管理”选项，进入“团购”界面；❷仔细查看团购项目的相关信息；❸单击“创建团购项目”按钮，如图 7-8 所示。

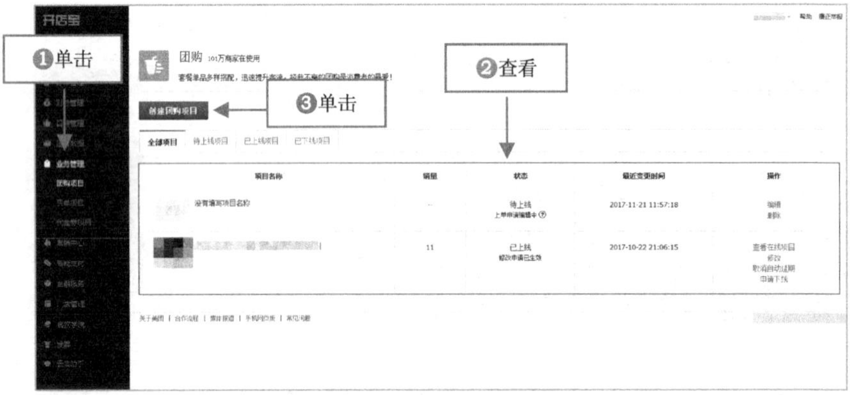

图 7-8 “团购”界面

步骤 02 执行操作后，进入“选择项目品类”界面，❶选择菜品品类；❷单击“确认”按钮，如图 7-9 所示。

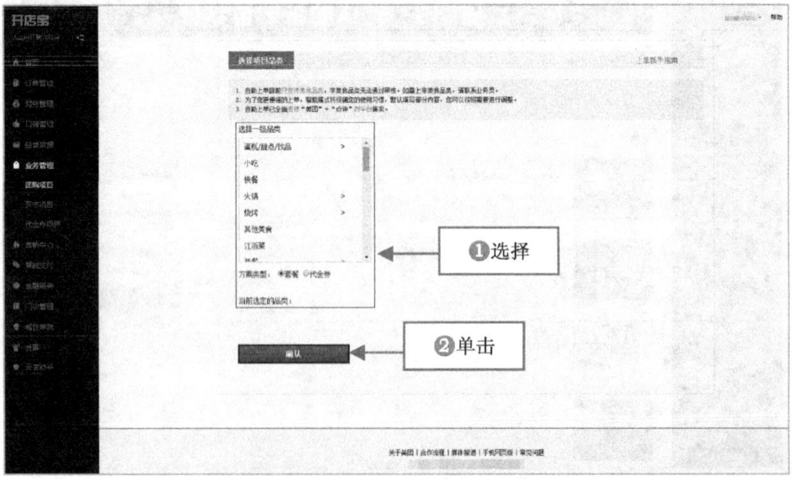

图 7-9 “选择项目品类”界面

步骤 03 完成操作后，进入“适用门店”界面，❶单击“添加门店”按钮；❷编辑“套餐信息”“购买须知”“结算信息”，如图 7-10 所示，根据提示进行操作即可完成菜品的上传。

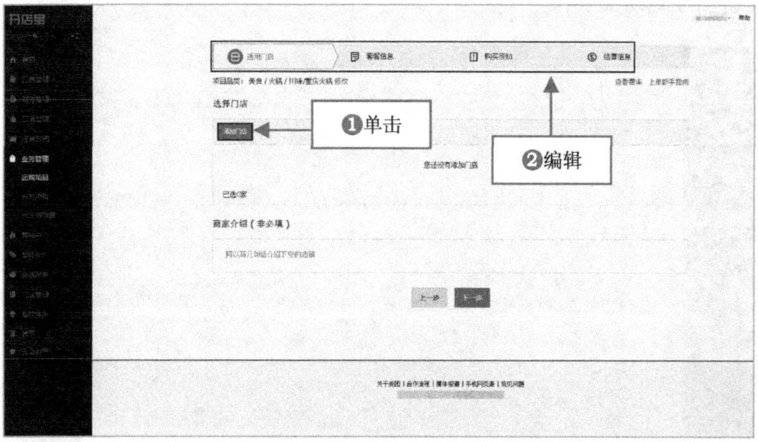

图 7-10 “适用门店”界面

7.1.4 掌握订单的管理方法

衡量一家店铺最直接的标准就是订单量，因此，大多数外卖平台的后台都将订单管理的相关版块放置在显眼位置。

例如，“开店宝”的后台便是将“订单管理”放在了左侧菜单栏的第二项。如图 7-11 所示为“订单管理”界面，在该界面中，商家可以进行团购券的验证、查看团购券消费情况、适用状态和已使用的团购券操作。

图 7-11 “订单管理”界面

当然，除了“订单管理”，商家还可以通过其他版块查看店铺的相关信息。例如，在“财务管理”版块中，商家可以查看“每日收益”“付款记录”“银行账号管理”信息。如图 7-12 所示为“每日收益”界面，在该界面中商家可以查看特定时间段内的交易金额。

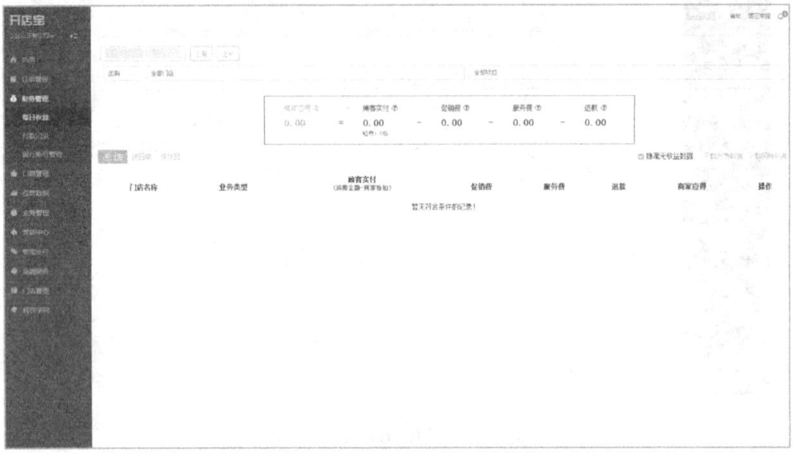

图 7-12 “每日收益”界面

7.2 外卖平台有哪些入驻方式

根据载体的不同，商家入驻外卖平台大致可以通过两种方式，一种是 PC 端入驻，另一种是移动端入驻。本节作者就这两种入驻方式进行具体说明，帮助大家更快地完成外卖平台的入驻。

7.2.1 PC 端入驻

不同外卖平台在电脑端入驻的方法可能不尽相同。下面，作者就以美团外卖为例，进行具体解读。

在通过 PC 端入驻之前，商家需要准备如下材料：

（1）可以正常使用的电脑；

（2）线下正常运营的店铺的证明；

（3）店铺招牌和环境照片；

（4）营业执照、食品经营许可证、餐饮服务许可证、特许证件及其他证件；

（5）营业执照法人代表、经营者手持身份证照片及用于收款和付款的银行卡。

资料准备完成之后，商家便可以按照如下步骤从 PC 端入驻外卖平台。

步骤 01 进入美团外卖官网，单击界面右上方的“美团外卖开店申请”按钮，如图 7-13 所示。

图 7-13 美团外卖官网上方的按钮

步骤 02 进入“美团外卖|我要开店”界面，单击界面下方的“申请开店”按钮，如图 7-14 所示。

图 7-14 “申请开店”界面

步骤 03 进入“美团外卖|商家中心”界面，❶在界面中输入账号、密码、确认密码、手机号码及验证码等信息；信息输入完成后，❷单击下方的“注册”按钮，如图 7-15 所示。

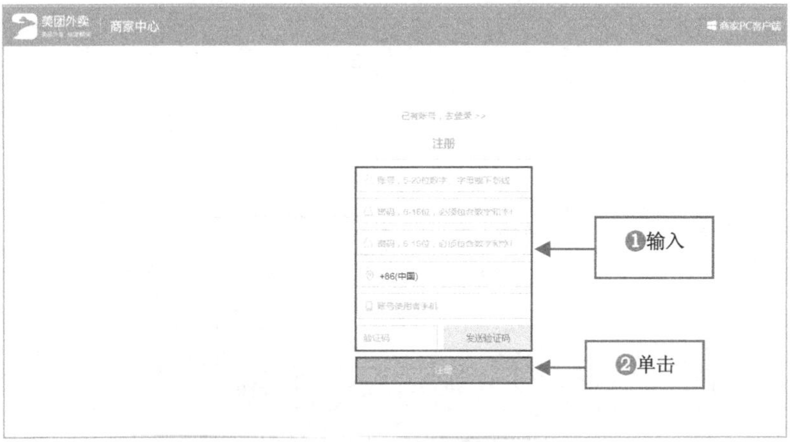

图 7-15 “美团外卖|商家中心”界面

如果商家已有账号，可以单击图 7-15 中的“已有账号，去登录”按钮，进入如图 7-16 所示的“账号密码登录”界面。❶在该界面中输入账号和密码；❷单击下方的“登录”按钮。

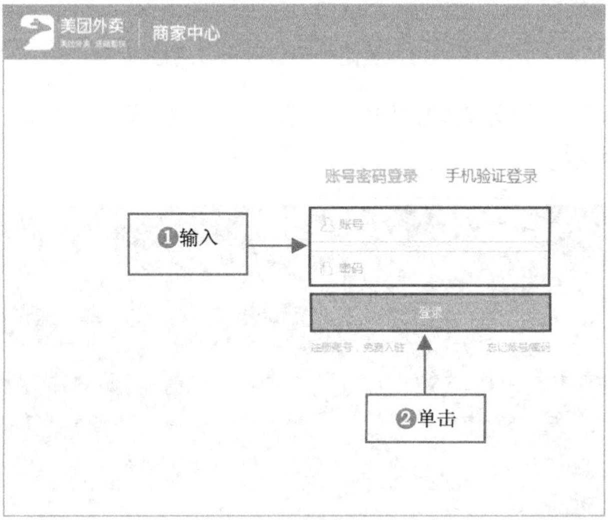

图 7-16 “账号密码登录”界面

操作完成后，弹出“短信验证”界面，❶在该界面中输入验证码；❷单击下方的“验证并登录”按钮，如图 7-17 所示。

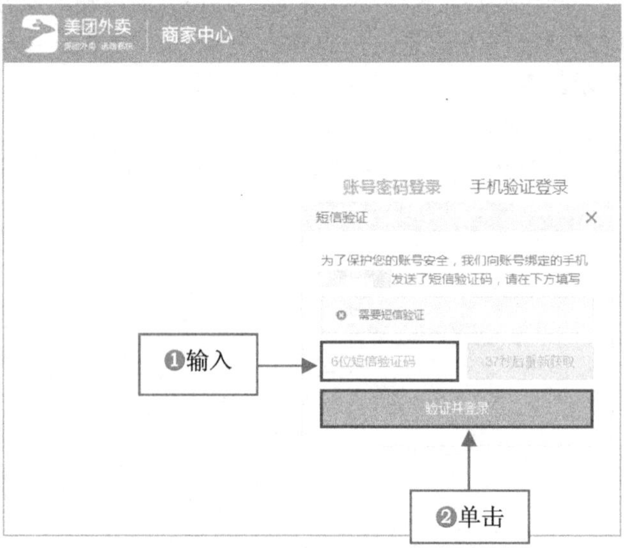

图 7-17 “短信验证”界面

登录成功之后，进入“美团外卖|我要开店”界面，单击页面右上方的“新建店铺”按钮，如图 7-18 所示。

图 7-18 “美团外卖|我要开店”界面

步骤 04 无论采取上述两种方式的哪一种，操作完成后都将进入所需准备的材料界面，单击下方的“资料已准备好，马上申请开店”按钮，如图 7-19 所示。

图 7-19 开店所需资料

步骤 05 执行操作后，进入“店铺信息”界面。在该界面中设置门店名称、联系人、外卖电话和经营品类等信息，信息填写完成后，单击下方的“提交并进入下一步”按钮，如图 7-20 所示。

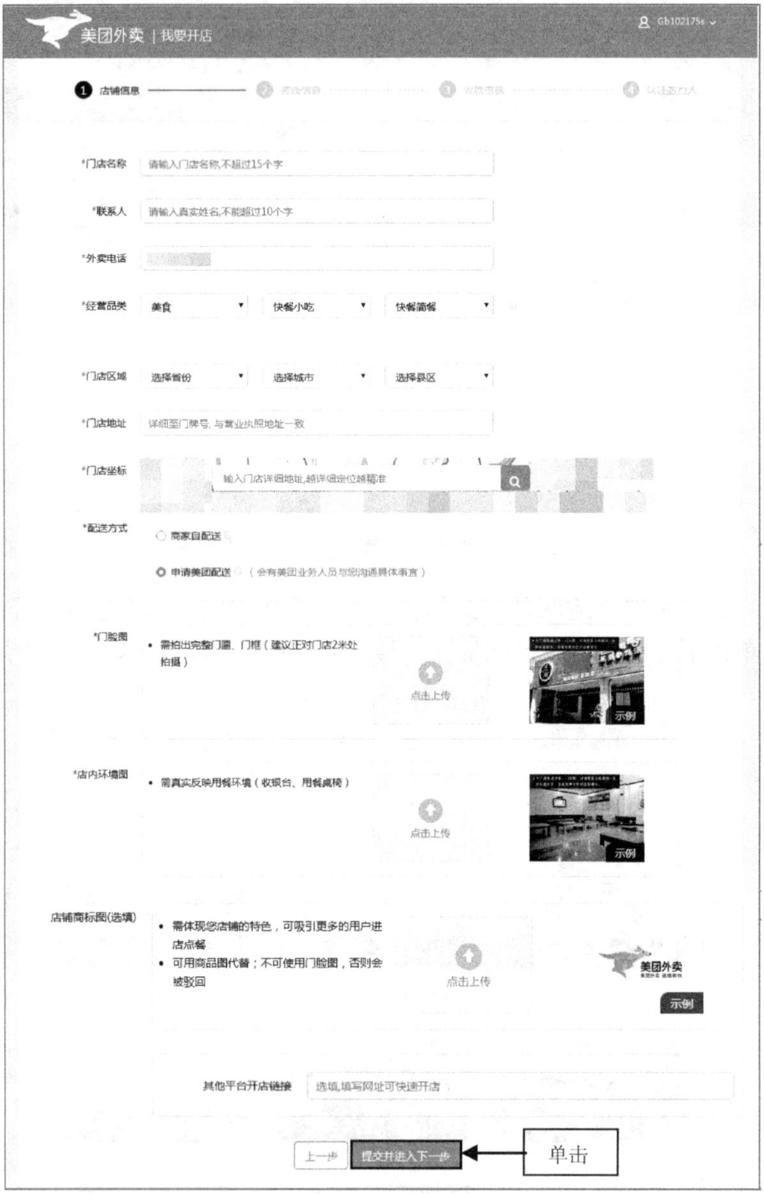

图 7-20　设置店铺信息

步骤 06　店铺信息填写完成后，商家还需完善资质信息、收款信息等。所有信息提交完成后，商家需要做的就是等待平台的审核结果了。如果审核通过，入驻便完成了。

7.2.2 移动端入驻

手机端入驻和电脑入驻有鲜明的差异，接下来，作者就以“饿了么”App 为例，对手机端入驻的具体步骤进行解读。

当然，在通过移动端入驻外卖平台之前，商家还需要准备如下材料：

（1）可以正常使用的智能手机；

（2）线下正常运营的店铺的证明；

（3）店内门脸、环境照片及门店 Logo；

（4）营业执照、食品经营许可证、餐饮服务许可证、特许证件及其他证件；

（5）营业执照法人代表、经营者身份证照片及用于收款和付款的银行卡。

以上材料准备完毕之后，商家便可以开始在“饿了么”App 中进行入驻操作了，具体步骤如下。

步骤 01 进入“饿了么”App，单击首页右下角的“我的”按钮，具体如图 7-21 所示。

步骤 02 进入“我的”界面，找到“加盟合作”一项，并单击，如图 7-22 所示。

图 7-21 “饿了么”App 首页

图 7-22 “我的”界面

步骤 03 进入“加盟合作”界面，单击“商家入驻”右侧的“立即申请”按钮，如图 7-23 所示。

步骤 04 进入“饿了么—开店申请”界面，单击“门店地址”右侧的方框，如

图 7-24 所示。

图 7-23 “加盟合作”界面

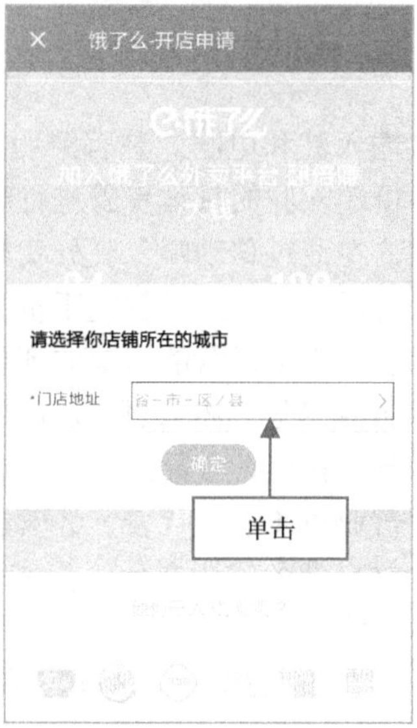

图 7-24 “饿了么—开店申请”界面

步骤 05 进入地址选择界面，选择店铺所在位置的省、市、区（或县）；选择完成后，单击“确定”按钮，如图 7-25 所示。

步骤 06 进入“我要开店”界面，单击界面中的“我要开店”按钮，如图 7-26 所示。

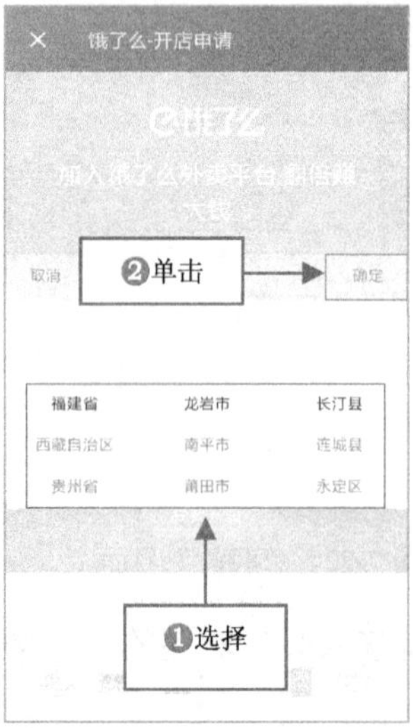

图 7-25 地址选择界面

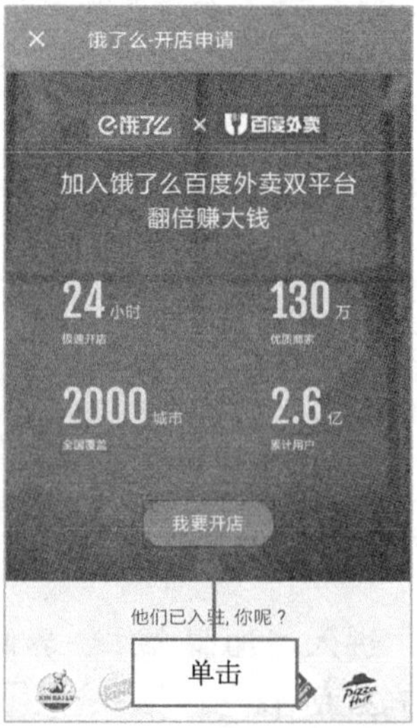

图 7-26 “我要开店”界面

步骤 07 进入“下载中心”界面，单击“下载安装”按钮，下载“饿了么商家版”App，如图 7-27 所示。

步骤 08 “饿了么商家版”App，下载完成后，单击进入如图 7-28 所示的“饿了么商家版”App 登录界面，单击右上角的“我要开店”按钮。

图 7-27 “下载中心”界面

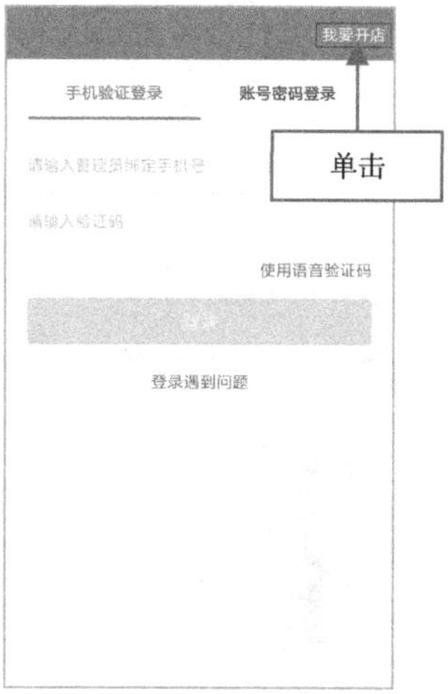

图 7-28 “饿了么商家版”App 登录界面

步骤 09 接下来，重复步骤 04～06 的操作。

步骤 10 执行操作后，进入如图 7-29 所示资料准备界面，单击该界面下方的“准备好了，申请开店”按钮。

图 7-29 资料准备界面

步骤 11 进入如图 7-30 所示的“饿了么开店”界面，根据要求填写相关信息，信息填写完成后，单击下方的“下一步”按钮。

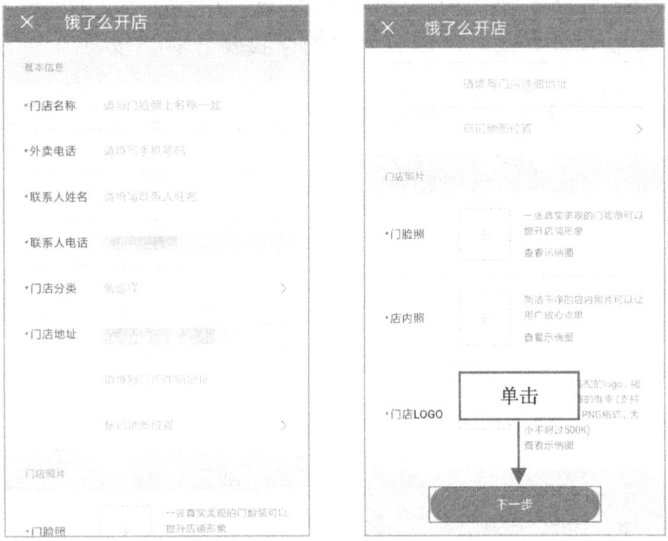

图 7-30 “饿了么开店”界面

步骤 12 店铺信息填写完成后，商家只需根据提示进行操作即可提交入驻申请，接下来，只需等待审核结果即可。

7.3 有哪些外卖平台可供使用

餐饮企业或商家要想利用第三方平台进行营销，首先需要了解不同平台的优势与特点，才能结合自身的实际情况，选择合适的平台展开合作，达到预期的营销目标。本节主要介绍不同类型的外卖平台的特点与优势。

7.3.1 美团外卖：外卖订餐，送啥都快

美团外卖于 2013 年 11 月上线，总部位于北京。截至 2018 年 7 月底，该平台入驻商家已达 200 万个，在超过 1600 个城市开设站点，注册用户达 2.7 亿人次。

因为其发展迅速、实力强劲，美团外卖已成为国内外卖行业的领头品牌。根据国家信息中心发布《中国共享经济发展年度报告（2018）》的相关数据，2017 年，美团外卖的国内市场份额排在第 1 位。

经过几年的发展，美团已经细分出美食、美团超市、生鲜果蔬和美团专送等19个服务品类。如图7-31所示为“美团外卖”App首页的品类。

图 7-31 “美团外卖”App 首页的品类

消费者点外卖时比较关注的一个问题就是送餐速度，而美团外卖便是将速度作为卖点。如图7-32所示为“美团外卖”App的下载界面，可以看到其重点突出“送啥都快”。而美团外卖因为有自己的骑手队伍，其送餐速度确实也是比较快的。

图 7-32 “美团外卖”App 的下载界面

7.3.2 饿了么：外卖订餐，30 分钟到家

饿了么是于2008年创立的生活服务平台，作为创立较早的外卖平台，其获得

了长足的发展。截至 2018 年 7 月，在饿了么平台入驻的商家超过 130 万个，覆盖全国 2000 个城市，累计用户达 2.6 亿人次。根据国家信息中心发布的《中国共享经济发展年度报告（2018）》的数据，饿了么 2017 年以仅次于美团外卖的市场份额成为外卖行业中的第 2 大平台。

当然，《中国共享经济发展年度报告（2018）》是对 2017 年的数据进行统计，而 2017 年 8 月对百度外卖的收购，以及 2018 年 4 月被阿里巴巴收购之后，饿了么快速发展，甚至有数据显示，饿了么的品牌渗透率和市场份额已经超过了美团外卖。

和美团外卖相同，饿了么同样为消费者提供了多种消费品类。如图 7-33 所示为“饿了么”App 首页的品类。可以看到，其品类便包括美食、早餐、商超便利和果蔬生鲜等。

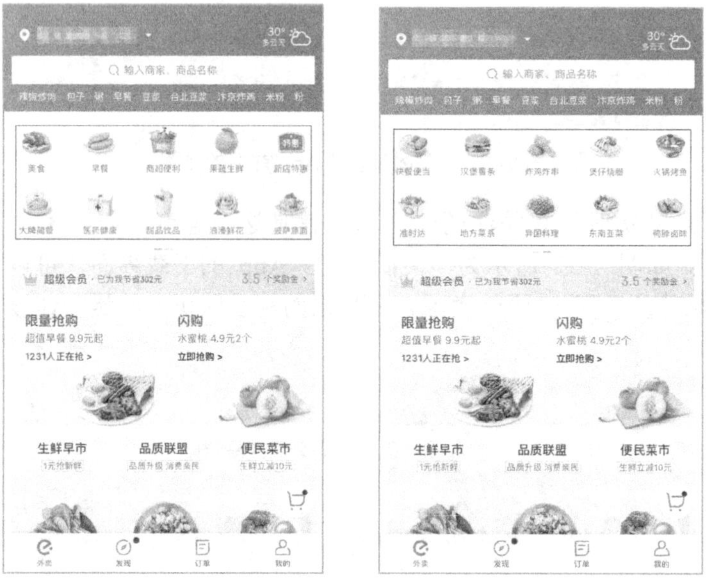

图 7-33 “饿了么”App 首页的品类

一个外卖平台，除了商家数量和服务品质，最能吸引消费者的就是优惠力度了。而饿了么不仅有大力度的满减优惠，还设有一些类似于特卖的版块。如图 7-34 所示为“限量抢购”和“闪购”版块的相关界面，可以看到这两个版块中的商品都是非常优惠的。

另外，收购百度外卖及被阿里巴巴收购，也为饿了么的发展提供了更多契机。例如，“支付宝”App 直接为“饿了么”提供了入口，如图 7-35 所示。除此之外，在百度外卖和口碑外卖中也为饿了么的发展提供了有利条件，这一点作者将在 7.3.3 节和 7.3.4 节分别进行说明。

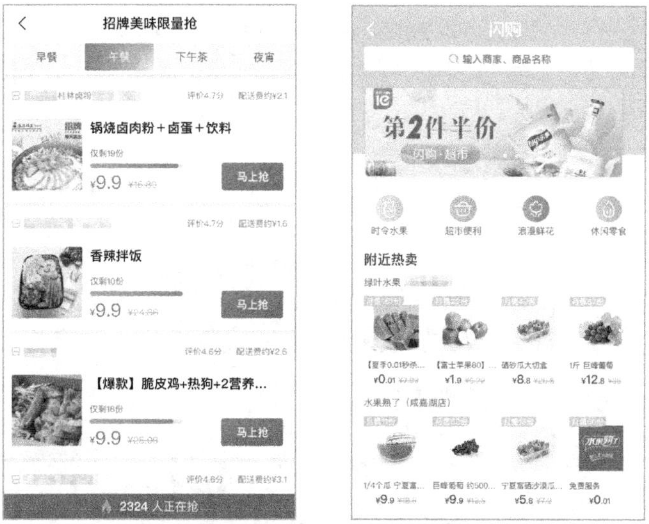

图 7-34 “限量抢购”和“闪购”版块的相关界面

图 7-35 “支付宝”App 中的“饿了么外卖”入口

7.3.3 百度外卖：品质生活，安全送达

百度外卖是百度在 2014 年推出的外卖服务平台，2017 年，该平台以仅次于美团外卖和饿了么的市场份额，与美团外卖和饿了么形成三足鼎立的局面，如图 7-36 所示为“百度外卖”App 首页。

2017 年 8 月，百度外卖被饿了么收购，从此，该平台更多的是为饿了么服务，消费者也逐渐由该平台转向饿了么。

图 7-36 “百度外卖”App 首页

不仅是消费者，商家入驻也发生了转移。如图 7-37 所示为百度外卖的官网首页，如果商家单击界面中的“商户入驻”按钮，跳转的不是百度外卖的商家入驻界面，而是如图 7-38 所示的饿了么商家入驻界面。

图 7-37 百度外卖的官网首页

图 7-38　饿了么商家入驻界面

对饿了么来说，收购百度外卖可以将两个平台的资源进行整合，寻求更多可能。但是，对百度外卖来说，只能是丧失领先地位。

7.3.4　口碑外卖：美食点餐，尽享优惠

口碑外卖是由阿里巴巴和蚂蚁金服整合双方资源后，在 2015 年创立的生活服务平台，2018 年 4 月阿里巴巴收购饿了么之后，口碑外卖直接为饿了么提供了入口。如图 7-39 所示为“口碑”App 中“饿了么外卖”的入口。

图 7-39　“口碑”App 中“饿了么外卖”的入口

因为“饿了么外卖”入口的存在，口碑中没有再提供其他的外卖版块。当然，消费者也是可以在“口碑”的其他版块中进行在线消费的，如图 7-40 所示为“超值抢购”和“附近优惠”的相关界面，在这两个版块中，消费者可以以较低的价格购买到商品，但是，在购买之后，消费者需要自己到店领取，因为这些商家通常不提供外卖服务。

图 7-40 “超值抢购”和“附近优惠”的相关界面

第8章

引流：这些营销推广技巧，你用了几个

读前提示

一个外卖店铺要想快速发展，首先需要获得足够的订单量。而要获得订单，商家就需要想办法通过营销推广进行引流。

当然，外卖店铺引流也是有技巧的，技巧用得越多，引流的效果相对来说就会越好。本章作者将重点解读 3 大种类的营销推广技巧，帮助大家获得更多流量。

要点展示

8.1 活动营销：主动造势增强人气

8.2 微信营销：用心赢得好友助力

8.3 社群营销：利用推广提高黏性

8.1 活动营销：主动造势增强人气

人都有凑热闹的心理，当看到大家都关注一件事情时，自己也会不自觉地去关注这件事情。而活动营销的优势就在于可以主动为店铺造势，让潜在消费者觉得销售火爆，从而达到吸引消费者、增强店铺人气的效果。

8.1.1 促销活动：打折出售带动销售

在餐饮业所有的营销案例中，通过促销活动进行营销是必不可少的方式，它能有效刺激消费者的消费行为，提高餐饮店铺的人气。本节主要通过一系列餐饮促销活动来介绍餐饮营销的方法和技巧。

1. 广泛宣传

一个活动成功与否，与其宣传力度有一定的关系。通常来说，商家的活动宣传越广泛，消费者能够了解活动的概率越大，而活动营销能够起到的增强人气作用也越强。

说到广泛宣传，肯德基绝对可以说是做得很好的一个品牌。例如，2018 年 8 月 7 日，肯德基在天猫超级品牌日中有活动，为了广泛宣传，吸引更多消费者，其甚至在优酷中进行了广告营销，具体如图 8-1 所示。

图 8-1　肯德基在优酷中进行的广告营销

2. 折扣促销

广泛宣传更多的是吸引消费者的目光，而商家要想获得更多订单，仅靠吸引消费者显然是不够的。通过折扣促销，让消费者看到优惠力度，是刺激消费的一种有效方式。

一般来说，店铺商家都可以在外卖平台中设置折扣促销的相关版块，如图 8-2 和图 8-3 所示分别为“美团外卖”App 中的“折扣”版块和“饿了么”App 中的“优惠”版块。

可以看到，在“折扣”和“优惠”版块中，菜品的价格都是相对较低的，再加上优惠之后的价格与原价相比已经低了很多，消费者看到这些优惠之后就会觉得购买这些菜品比较划算，这样一来，菜品的订单量自然就大幅提升了。

3. 限时优惠

虽然通过促销活动商家可以快速吸引消费者的目光，还可以利用优惠的价格获得一定的销量。但是，因为做活动时的菜品价格通常要比原价低得多，有的商家为了更快地增加店铺人气，甚至会为消费者提供一些价格低于成本的菜品。

图 8-2 “美团外卖”App 中的“折扣”版块

图 8-3 “饿了么”App 中的“优惠”版块

在这种情况下，商家的利润空间很小，部分商家甚至在做亏本生意，这显然是不利于店铺长期发展的。所以，对大多数商家来说，促销活动比较适合在活动初期限时进行。

如图 8-4 所示为部分品牌的活动宣传海报，可以看到，虽然这两个活动中的相关菜品都是以 5 折的折扣进行销售的，但是，这些活动又都是有时间限制的。很显然，这两个活动都属于限时优惠活动。

图 8-4 部分品牌的活动宣传海报

8.1.2 节日活动：赠送福利全民同庆

一直以来，节日就是商家的重要宣传点，通过赠送福利，让消费者在欢乐的日子里看到商家的心意，从而达到与消费者共同庆祝节日，吸引消费者目光的目的。通常来说，有两类时间可以当作节日来庆祝，一种是常见的各种节日，另一种是品牌或店铺的周年庆。

1. 节日

无论是西方的节日，还是中国的传统节日，都可以结合节日活动进行营销推广。也就是说，可作为商家节日活动的选择项还是比较多的。当然，对大多数商家来说，可能并没有精力，也没有必要把各种节日活动都做一遍。此时，可以选择一些相对重要的节日进行活动推广。

另外，不同节日代表的寓意也不尽相同，商家在做节日活动时应该尽可能地结合节日的寓意，而不应该只单纯地营销。如图 8-5 所示为肯德基在端午节期间的宣传海报，这便是结合节日进行的一种营销推广。

图 8-5　肯德基在端午节期间的宣传海报

2. 周年庆

周年庆对店铺来说是一个大日子，而且店庆也是展现品牌或店铺实力的一种有效方式。所以，商家完全可以将周年庆当成节日来进行活动推广。

当然，要让消费者觉得周年庆也有节日的味道，还得让消费者感受到店铺的诚意。例如，有的店铺在周年庆期间为消费者设置了消费抽奖活动，而且奖品总金额达到一万元。这样一来，消费者便可以很明显地感受到店铺的诚意了。

8.1.3 创意活动：提升品牌的认知度

从线下到线上，从实体店到外卖，很多品牌和商家都在通过活动营销进行营销推广。而事实是，消费者对于一般的活动已经见怪不怪了。因此，商家要想让活动营销起到应有的作用，还得为消费者提供具有创意的活动，从而通过活动更好地提升品牌和店铺的知名度。

1. 明星代言

这是一个粉丝经济时代，就在许多人还在睡觉的时候，有的明星却一晚获得高达 480 万元人民币的“睡后收入”（不需要花费太多时间和精力就能获得的收入），由此不难看出粉丝的力量。

而品牌和店铺请明星代言，不仅可以利用明星的影响力提高品牌的知名度和格调，还能让明星的粉丝爱屋及乌，为品牌贡献自己的购买力。

与一般的活动相比，明星代言活动的优势在于，可以快速将明星的粉丝或关注者转化成品牌或店铺的潜在消费者，而且在消费者看来，明星代言的产品通常要更为可靠一些。当然，请明星代言也需要支付一定的费用，可能这对一些实力不够强的品牌或店铺来说，是难以接受的。

2. 公益活动

品牌形象的塑造是一家店铺或品牌需要重点做好的工作，一般来说，参与公益活动的店铺或品牌，通常更容易在消费者心中树立起敢于承担社会责任的良好形象，从而将路人变成店铺或品牌的消费者。

公益活动的形式有很多，商家或品牌既可以选择和公益类基金进行合作；也可以将产品和公益活动联系在一起，将销售所得的一部分资金作为公益资金；还可以通过捐款、建学校等直接做公益。

如图 8-6 所示为肯德基“捐一元”公益活动的相关界面。“捐一元”是肯德基号召员工和消费者为贫困地区孩子进行营养加餐的一个公益活动，到 2018 年，该活动已经坚持了 11 年。

公益活动在营销推广方面的最大优势在于，消费者会觉得店铺或品牌不是只为赚钱，也会将自己赚到的钱，拿出一部分来回馈社会。因此，这类店铺或品牌更容易在消费者心中树立良好的形象，从而吸引消费者。

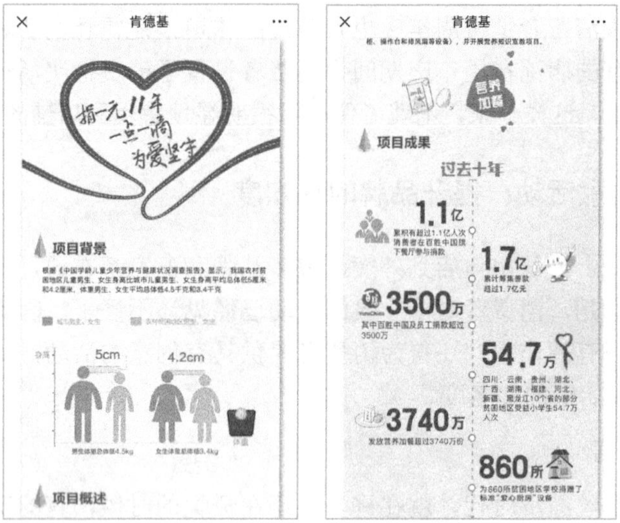

图 8-6　肯德基“捐一元”公益活动的相关界面

3．热点营销

任何活动都是以增强人气为目的的，商家与其想破脑袋制造新奇感，不如结合热点进行营销。热点营销的优势在于，商家可以通过活动与热点的结合，打造潜在消费者更加关注的话题，从而更好地吸引潜在消费者。

例如，《王者荣耀》这款手机游戏拥有非常多的玩家，而当商家结合该游戏推出活动后，便会快速吸引该游戏玩家的注意，刺激玩家们进行消费。如图 8-7 所示为麦当劳结合《王者荣耀》推出的活动海报。

图 8-7　麦当劳结合《王者荣耀》推出的活动海报

8.2 微信营销：用心赢得好友助力

近年来微信发展迅速，一跃成为国内用户数量最多的社交软件。对商家来说，用户数量越庞大的平台，越容易为店铺带来流量，因此，微信是一个不可错过的营销渠道。当然，商家要想通过微信营销获得充足的流量，还得学会用心推广，获得微信好友的助力。

8.2.1 朋友圈营销，分享带动销售

朋友圈是一个以微信好友为基础而建立的社交圈，在朋友圈中，用户可以看到微信好友分享的各种信息。对商家来说，朋友圈是一个良好的营销平台，只要经营得好，便可以通过分享带动销售，让店铺快速获得大量订单。总体来说，商家可以通过两种方式进行朋友圈营销，具体如下。

1. 主动分享

在很多情况下，营销还是要主动，朋友圈营销也是如此。商家可以将店铺的相关信息分享到朋友圈中，将微信好友转变为店铺的消费者。一般来说，商家可以通过如下步骤进行主动分享。

步骤 01 登录“微信”App，❶单击下方的“发现”按钮，进入如图 8-8 所示的“发现”界面；❷单击界面中的“朋友圈”按钮。

步骤 02 执行上述操作后，进入如图 8-9 所示的朋友圈界面，单击界面右上方的图标。

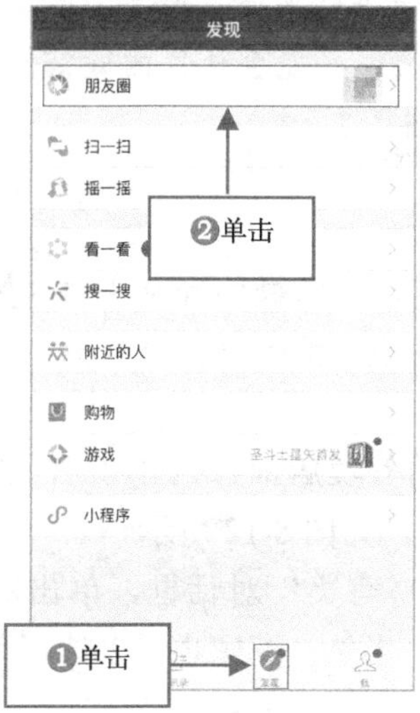

图 8-8 “发现”界面

图 8-9 朋友圈界面

步骤 03 进入朋友圈内容编辑界面，❶编辑图文信息；信息编写完成后，❷单击右上方的“发表”按钮，如图 8-10 所示。

步骤 04 完成操作后，在朋友圈中会出现你分享的内容，如图 8-11 所示，朋友圈主动分享完成。

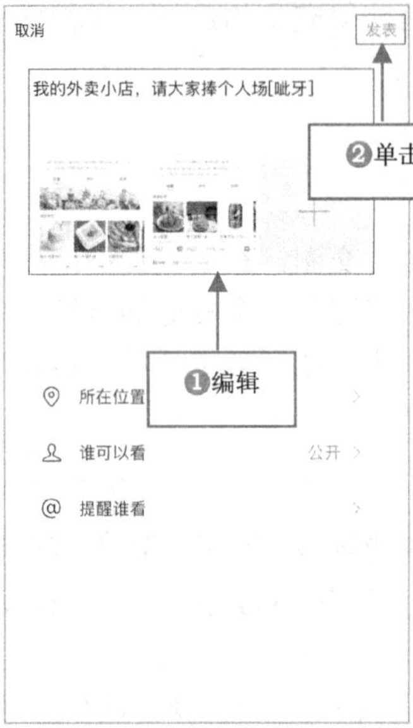

图 8-10　内容编辑界面

图 8-11　朋友圈分享效果

> **▶ 温 馨 提 醒**
>
> 虽然朋友圈对商家来说是一个良好的营销推广平台，但是，商家在进行主动分享时，尽量不要过于频繁。如果太过频繁，可能会让你的微信好友对你分享的内容反感，这样就起不到引流推广的作用了。

2. 刺激分享

除了主动分享，商家还可以通过一定措施，刺激微信好友在他（她）的朋友圈中分享店铺的相关信息，让你的微信好友变成店铺的宣传员。例如，入驻饿了么的商家可以通过如下操作刺激好友分享。

步骤 01 登录“饿了么”App，进入自己的外卖店铺，❶单击右上方的•••图标；在展开的菜单栏中，❷选择“分享商家”，如图 8-12 所示。

步骤 02 完成操作后，界面中将弹出“分享有奖”对话框，单击对话框中的“微信”按钮，分享给好友，如图 8-13 所示。当然，商家也可以选择单击“朋友圈”按钮，主动分享至朋友圈。

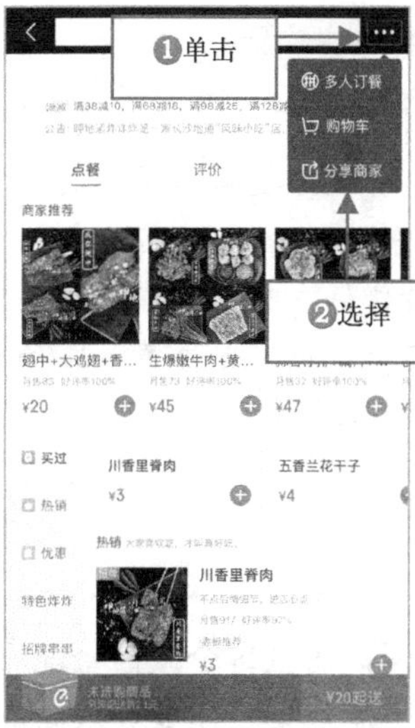

图 8-12　自己的外卖店铺

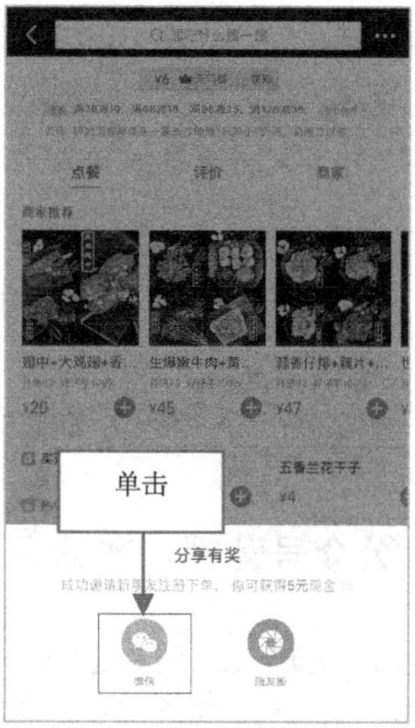

图 8-13　分享界面

步骤 03　执行操作后，进入“选择一个聊天”界面，选择需要分享的微信好友，将弹出“发送给：”对话框，❶在对话框中编写鼓励分享店铺信息的内容；内容编写完成后，❷单击“发送”按钮，如图 8-14 所示。

步骤 04　完成操作后，在与好友的聊天界面中将出现鼓励分享的相关信息，刺激分享完成，如图 8-15 所示。

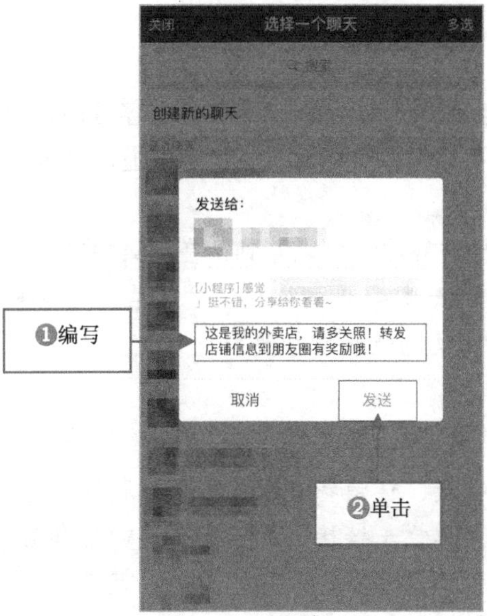

图 8-14　“选择一个聊天”界面

图 8-15　聊天界面出现鼓励分享信息

▶ 温 馨 提 醒

与主动分享不同，刺激分享更多的是借助微信好友的力量。而一般情况下，除非是关系非常好的微信好友，不然，可能即使看到了你的微信消息，一些微信好友也不会帮你在他（她）的朋友圈转发。

对此，商家可以通过一定的举措，让微信好友有偿分享店铺，增强其获得感。例如，可以发红包给微信好友，请求帮忙；也可以设置一定的奖励，在微信好友将店铺信息分享至朋友圈之后，给予一些奖品。

8.2.2 公众号营销，塑造品牌形象

微信朋友圈是熟人之间构建的一个关系网，而且每个微信号能添加的好友数量也是有限的。所以，商家要想获得更好的引流效果，还要寻求新的营销渠道，而微信公众号则是一个很好的选择。

与朋友圈相同，公众号也是微信中非常重要的一个版块。而与朋友圈不同的是，公众号的营销对象更加广泛，可以向陌生人宣传，而且宣传对象的数量甚至可以达到 10 万以上。

因此，许多商家，特别是有一定知名度的商家，一般都会开通自己的公众号。当然，公众号营销也是有方法的，商家可以通过两种方式，更好地塑造品牌形象，吸引消费者下单，具体如下所述。

1. 菜单设计

虽然微信公众号的菜单栏设计是有一定标准的，但是，其中的内容可由商家自行决定。通常来说，商家可以在菜单栏中直接为消费者提供购物渠道，从而快速引导消费者进店消费。

如图 8-16 所示为“麦当劳”公众号的相关界面，可以看到，在其菜单栏中设置了“一键自助点餐”，而消费者只要单击这一栏，便可以进入“麦当劳”小程序的“点餐”界面。这样一来，消费者要进店购物就非常方便了。

▶ 温 馨 提 醒

微信公众号菜单栏不仅能够设置内部链接，让消费者直接进入小程序等微信平台，还能设置外部链接。而且通过“菜单栏＋链接”的方式打通微信和店铺，也可以让消费者享受更便捷的购物体验。因此，公众号的菜单栏就是一个天然的销售载体，如果商家没有利用好就是白白浪费了资源。

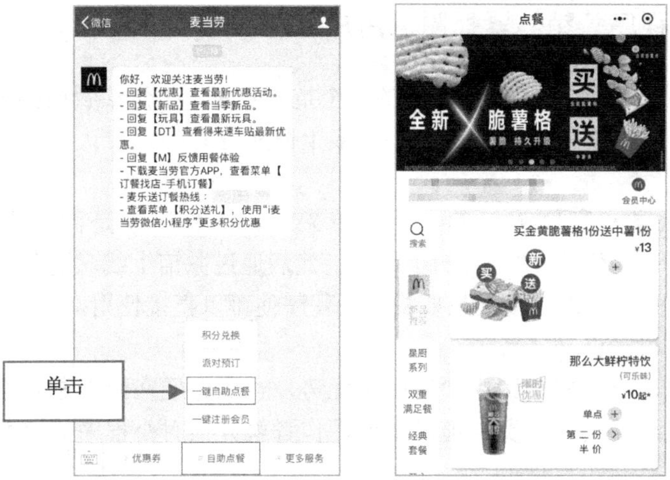

图 8-16 “麦当劳”公众号的相关界面

2. 活动引流

除了菜单栏设计，微信公众号的另一种营销推广方式便是活动引流。因为商家是每天都能通过公众号推送图文消息的，所以，可以将店铺中正在进行的活动以图文的形式告知潜在消费者，让其知道活动的存在，增加活动宣传的受众基础，从而增加店铺的订单量。

如图 8-17 所示为“汉堡王中国”公众号的相关界面，可以看到该公众号向消费者推送了大量与活动相关的图文消息，而且这些活动的优惠力度通常都是比较大的。因此，当用户通过微信公众号看到活动之后，很可能就会到汉堡王消费，这便达到了引流推广的效果。

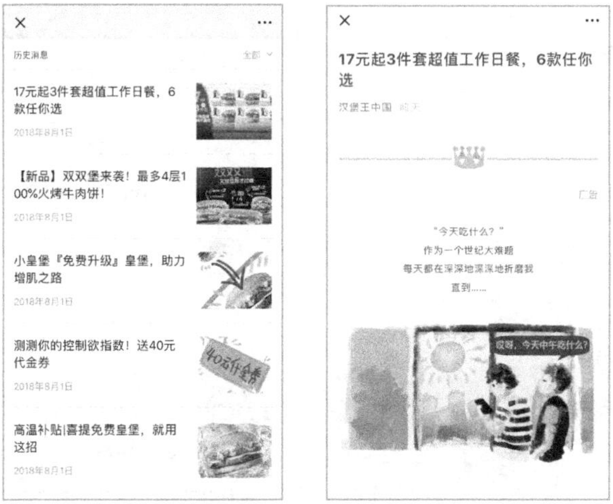

图 8-17 “汉堡王中国”公众号的相关界面

8.2.3 小程序营销，紧抓附近用户

小程序是微信在 2017 年 1 月推出的一个重要版块，虽然该版块推出的时间不长，却在互联网行业掀起了轩然大波，许多电商从业者都将其认定是下一个营销风口。

那么，什么是小程序呢？其实，简单来说，小程序就是微信上的简化版 App，各类 App 都可以开发自己的小程序，然后通过微信上线。而且因为小程序是直接在微信中的，所以，用户只要找到小程序便可以直接使用，无须像 App 一样要花时间下载和安装。

对商家来说，小程序营销主要有两大优势，一是方便在附近进行营销，二是为消费者提供更加便利的消费渠道。下面，作者就分别对小程序的这两大营销优势进行说明。

1. 附近营销

小程序中的一个功能可以帮助商家快速吸引附近消费者的注意，那就是“附近的小程序”。只要商家的小程序上线并开通了“附近的小程序”功能，附近的消费者便可以通过如下操作看到你的店铺。

步骤 01 登录微信，❶单击下方的“发现”按钮，进入“发现”界面；❷单击界面中的“小程序”按钮，如图 8-18 所示。

步骤 02 完成操作后，进入“小程序”界面，单击搜索栏下方的“附近的小程序”按钮，如图 8-19 所示。

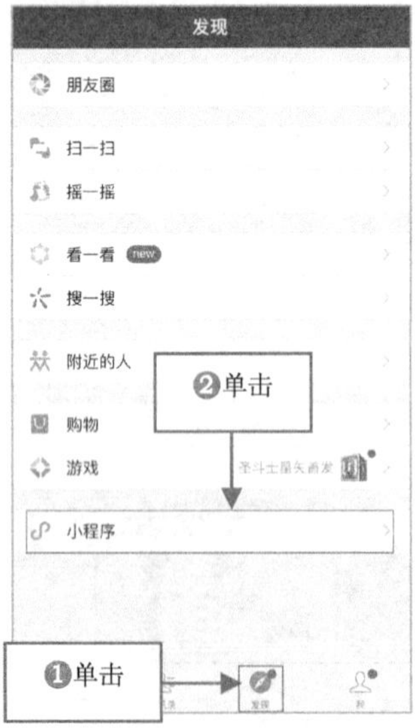

图 8-18 “小程序”入口

图 8-19 “小程序”界面

步骤 03 执行操作后，进入“附近的小程序”界面，如果商家的小程序在用户附近，那么，店铺的小程序便会出现在该界面中。如图 8-20 所示为“附近的小程序”的相关界面。

图 8-20 “附近的小程序”的相关界面

▶ 温 馨 提 醒

“附近的小程序”和“附近的人”的功能有相似之处，只要商家的小程序上线了，就会被附近查看小程序的微信用户看到。而这样一来，小程序不仅能作为吸引消费者的一个工具，还能充当线上销售平台，直接为消费者提供渠道。

2. 消费便利

在解释什么是小程序的时候，作者曾经说过小程序是简化版的 App。我们都知道在 App 上点外卖是比较方便的，其实，在小程序上点外卖比在 App 上还要方便。因为 App 需要安装，而小程序是拿起来便可以直接用的。

以“饿了么”为例，消费者要通过“饿了么”App 点外卖，首先得下载该 App。如图 8-21 所示为“饿了么”App 的下载介绍界面，可以看到，该 App 的大小为 98.7MB。这对手机空间有限或者没有 Wi-Fi 网络的用户来说都是不方便的。

图 8-21 “饿了么”App 的下载介绍界面

而且下载是需要时间的，如果网络比较慢，可能用户要花几分钟，甚至十几分钟的时间来下载。这对一个饿着肚子点外卖的消费者来说，无疑是一种煎熬，而小程序便很好地解决了这个问题。

❶消费者只需在小程序搜索栏中搜索“饿了么”，便可以看到“饿了么外卖服务”小程序，如图 8-22 所示。❷单击“饿了么外卖服务”，便可以进入该小程序，如图 8-23 所示，无须像 App 一样要另行下载。这样一来，便可以大大节约消费者的时间和手机空间，让消费者顺利地完成下单。

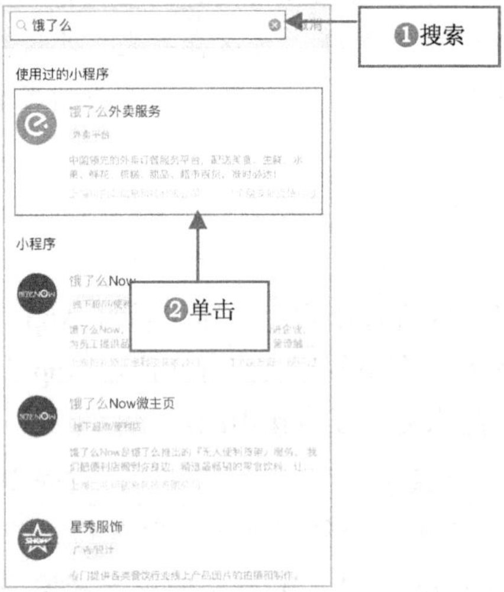

图 8-22 搜索“饿了么”

图 8-23 “饿了么”小程序首页

在小程序中下单也非常方便，消费者只需在店铺的“点餐”界面单击图标，便可将商品添加至购物车，商品选择完成之后，单击下方的“去结算”按钮，如图 8-24 所示。

执行操作后，将进入如图 8-25 所示的“确认订单”界面，消费者只需认真查看该界面中的相关信息，确认无误后单击右下方的“去支付”按钮，并支付相应的金额便可以完成下单了。

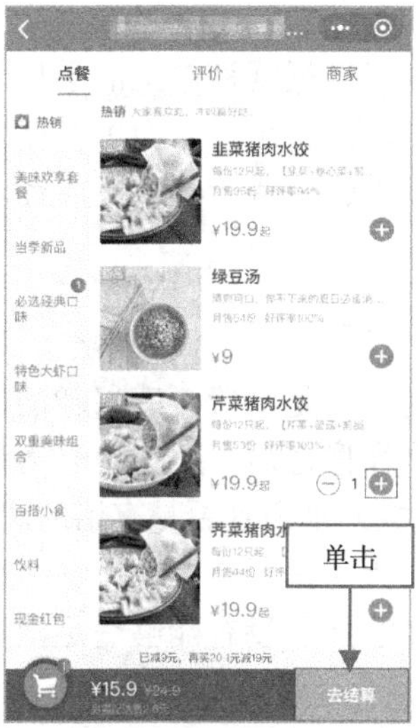

图 8-24　“点餐”界面

图 8-25　“确认订单”界面

8.3　社群营销：利用推广提高黏性

社群是指因为共同的兴趣或目标而聚集在一起的群体。社群营销的优势在于，只要知道社群成员的需求点，进行针对性营销便可以让商家快速获得大量的消费者，而且通过社群建设，可以提高消费者的黏性，让消费者变成店铺的粉丝。

8.3.1　三个步骤，“智造”用户

无论是哪种营销，营销的主要对象都是人。社群营销也是如此，在进行社群营销之前，商家还需要找到适合进行营销的用户。当然，社群营销与一般的营销有所不同，商家需要凭借个人的智慧“智造”用户，创建或者加入合适的社群。对此，商家可以通过如下 3 个步骤，“智造”属于自己的用户。

1. 主动沟通

外卖商家的主要战场在线上，只有获得线上消费者的支持，自己的店铺才能持续、快速地发展。而线上平台的最大特点就是，商家和消费者很可能并不认识。但是，要想和你的消费者共建社群，没有信任又是不行的。

因此，在社群营销的前期，商家一定要学会主动沟通，和你的潜在消费者建立紧密的联系，让你的潜在消费者认同你、信任你。只有这样，才有可能“智造”用户，建设属于自己的社群。

具体来说，当消费者在店铺下单时，商家可以根据订单上的手机号码向消费者发送一条短信，表示对消费者在本店消费的感谢。这一方面可以展示店铺第一时间处理订单的良好服务态度，另一方面也可以让消费者感受到店铺对他（她）的重视。

2. 满足需求

这里的满足需求主要是指社群中发布的内容要是消费者感兴趣的、能够满足消费者某方面需求的。毕竟，消费者加入一个社群之后，他（她）衡量这个社群的价值不是商家的产品，而是社群本身对他（她）来说是否是有用的。

我们身处信息化时代，消费者每天面对的信息是比较多的，甚至可能一个消费者加入的社群有数十个之多。所以，如果你的社群没有能够满足消费者需求的内容，那么，社群成员可能会很快流失。

对此，商家可以站在消费者的角度思考消费者的需求。例如，很多消费者之所以会加入外卖社群，可能就是希望能从中看到一些优惠信息，让自己可以买到更便宜的商品。针对这一需求，商家可以适当在社群中发布自己店铺和其他合作店铺（最好不是同一类店铺）的活动信息，让消费者觉得你发布的内容是有价值的。

当然，商家需要明白的一点是，建设社群的目的就是为店铺获得持续的推动力。你可以为了提高社群成员的留存率发布一些与店铺无关的优惠信息，但是，更多的还是要发布与店铺相关的优惠信息。因为如果你发布的都是其他店铺的优惠信息，特别是同类店铺信息，那么，消费者可能会转到别的店铺，这样就得不偿失了。

3. 培养铁粉

互联网时代粉丝的消费能力是十分惊人的，有时候可能一些在我们看来价值不大的东西，虽然商家给出的价格比较高，但销量还是会很不错。之所以出现这种情况，就是因为该店铺，或者店铺中的某个人拥有数量庞大的铁杆粉丝。

其中，最常见的就是时尚、美妆类博主。这一类博主特别容易获得女性的关注，所以，一些大号的粉丝随随便便就是几十万人，甚至几百万人。如图 8-26 所示为某时尚博主的微博，其微博粉丝便超过了 65 万人。如此巨大的粉丝量，哪怕只有百分之几的铁杆粉，其购买力也是非常惊人的。

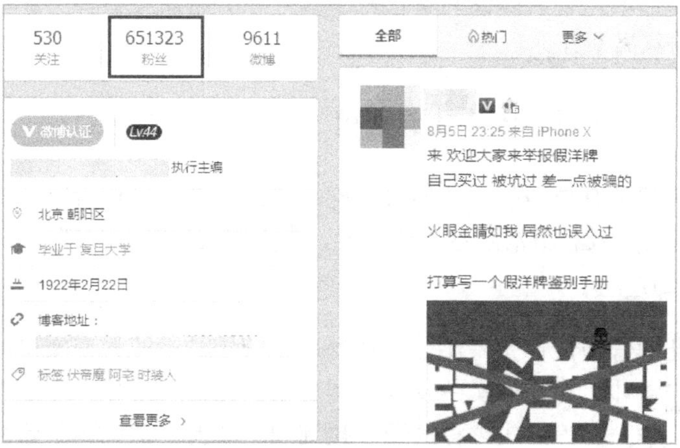

图 8-26　某时尚博主的微博

虽然外卖行业与时尚、美妆有所不同，但是，只要经营得当，同样也可以获得大量粉丝。例如，商家可以打造一个知名品牌，并用品牌名称开设微博，将消费者聚集到品牌微博中。

如图 8-27 所示为“三只松鼠”的微博，可以看到，其粉丝已经超过了 66 万人。由此不难看出，只要一个品牌或店铺做得好，不管它属于何种行业，都能获得大量粉丝的支持。

图 8-27　“三只松鼠”的微博

当然，有时候粉丝可能并没有我们想象中那么给力，此时，就需要将粉丝培养成能够支持和拥护你的铁杆粉丝。对此，商家需要尽可能多地给予消费者需要的东西。这既可以是物质上的，如针对粉丝举行回馈活动；也可以是精神上的，如及时与粉丝沟通，让其感受到自己被重视。核心就是尽自己所能，拉近与粉丝的距离，让粉丝离不开你。

8.3.2 4 种技巧，玩转社群营销

任何营销都是有技巧的，社群营销同样如此。这一节作者就从社群创建、社群管理、社群运营及社群活跃这 4 个角度，带大家玩转社群营销。

1. 社群创建

要进行社群营销，首先得保证有社群可以营销。对此，商家可以通过一定举措，累积用户群体。如在外卖中发放店铺传单，让消费者加你为好友。然后通过建立微信群、QQ 群等方式，将消费者拉到同一个群中，达到创建社群的目的。例如，商家可以通过如下步骤创建微信群。

步骤 01 登录“微信”App，进入“微信”界面，❶单击右上方的⊞图标；在展开的菜单栏中，❷选择“发起群聊”，如图 8-28 所示。

步骤 02 执行操作后，进入“选择联系人”界面。在该界面中，❶勾选需要加入社群的微信好友；选择完成后，❷单击右上方的“完成”按钮，如图 8-29 所示。

图 8-28 “微信”界面

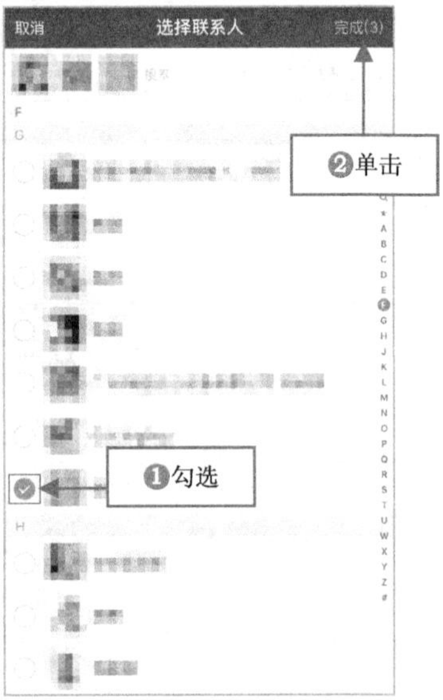

图 8-29 “选择联系人”界面

步骤 03　完成操作后，页面自动跳转到如图 8-30 所示的“群聊”界面，微信群创建完成。当然，群聊创建成功之后，商家可以单击右上方的 ••• 图标，进入如图 8-31 所示的“聊天信息”界面，对群聊名称和群公告等信息进行修改。

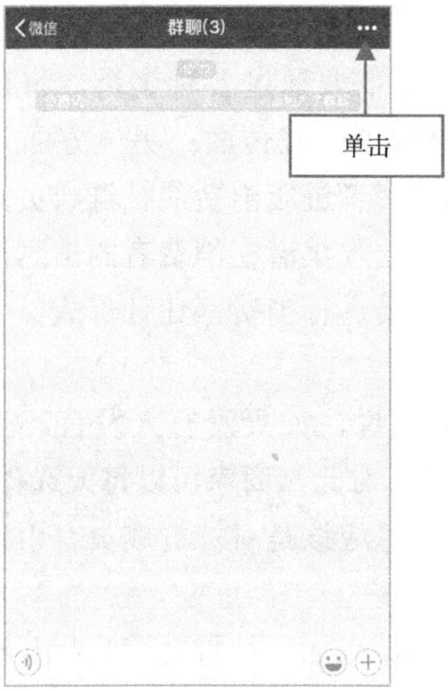

图 8-30　“群聊”界面

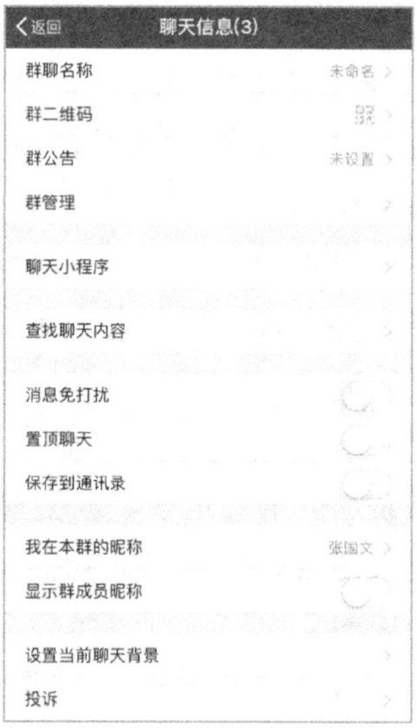

图 8-31　“聊天信息”界面

2. 社群管理

社群和店铺是一样的，店铺开了之后，要进行必要的管理，社群同样如此。商家在创建社群之后，还需要做好社群管理，提高社群的活跃度，为社群营销做好充足的准备。

具体来说，在社群管理上，商家需要做好 3 个方面的工作，具体如下。

（1）人员管理。人员管理可以分为两部分。首先，社群的管理者应该是店铺管理人员，这样才能更好地管理社群；其次，为了保证社群成员的质量，商家需要对加入社群的人进行验证。

（2）内容管理。社群的内容应该是要为社群成员的共同爱好服务的，商家需要对社群成员发布的信息进行管理，避免出现偏离主题，或者消费者被人“撬走”的情况。为了避免社群成员发布不好的言论，在社群成员较多的情况下，商家甚至可以选择禁言。

（3）活动管理。推送优惠活动信息是提高社群成员留存率的关键，商家需要适时推送该类信息，让消费者觉得你的社群有价值。当然，如果店铺近期没有活动，也可以转发其他店铺的活动。不过，转发的店铺最好不要是你的竞争者，否则，消费者可能会快速流失。

3. 社群运营

商家创建社群就是为了营销，而营销通常又是通过运营来实现的。所以，商家需要将社群营销的重点放在运营上。和社群管理相同，社群运营也需要重点做好 3 个方面的工作。

首先是社群成员的运营。一方面，商家需要通过各种渠道，将自己的消费者，甚至是路人变成社群成员，增加社群营销的宣传面；另一方面，对商家来说，只有在店铺购物，或者能够引导其他消费者进店消费的社群成员才是对社群营销有正面促进作用的。因此，商家需要广泛收集潜在消费者的信息，扩大社群成员的规模，并通过营销手段，刺激社群成员进行消费，让社群成员变成店铺的铁杆粉丝，持续进店消费。

其次是社群内容的运营。对一个社群来说，如果没有人发言，就会变得冷清，而如果发送的消息过多，就会显得混乱。对此，商家可以每天选择 3 条相对重要的信息发送给社群成员。当然，这些信息应该是对社群成员有用处的，并且是与店铺相关的。

最后是社群活动的运营。大部分社群成员在加入社群之前是相互不认识的，而一个社群的留存度又与社群成员的关系密切相关。所以，商家应该通过各种活动，增强社群成员的联系，创造一个让人舍不得离开的社群氛围。

4. 社群活跃

对身处信息时代的我们来说，彼此间的沟通越来越多是在线上，特别是用微信、QQ 等社交软件来进行。所以，许多人创建社群时，也会将微信群、QQ 群等作为首选。

无可厚非，这固然是快速创建社群的一种有效手段，但也容易出现一个问题，那就是一个人可能同时加入很多社群，而且这其中还有一部分是类型相似的。因此，社群成员就会有一个比较，如果相比之下你的社群并没有太多存在的意义，那么，社群成员很可能就会选择退出。

所以，要想让社群营销有更好的效果，商家还需要让社群成员看到社群存在的意义。当然，一个社群是否有存在的意义，每个人的判断依据不尽相同，但是，有一点一定是相同的，那就是如果这个社群不够活跃，有社群跟没社群一样，它就没有存在的意义了。

针对这一点，商家还需要想办法来活跃社群的氛围。作者认为，在活跃社群方面，主要有两种方法。一种是话题引导，抛出一个热门话题，引起社群成员的广泛讨论，让大家都参与进来。另一种是利诱，通过给予社群成员一定的优惠，如店铺优惠券、现金红包等，让社群成员觉得你的社群有利可图。如图 8-32 所示为某外卖店铺创建的微信群，可以看到，该商家便是通过发红包的方式来活跃社群气氛的。

图 8-32　某外卖店铺创建的微信群

第9章

体验：如何做到极致，获得用户的好感

读前提示

从根本上来说，外卖也属于服务行业，只要是服务行业，就都要重视用户体验。因为一家店铺持续发展的动力来自用户的购买力，而要想让消费者在店铺持续消费，首先要让消费者有好的消费体验。

那么，商家如何为消费者打造极致体验，获得消费者的好感呢？本章作者就从4个方面进行分析。

要点展示

9.1 目标用户的主观感受重于一切

简单来说，用户体验就是用户在使用产品或享受服务的过程中获得的主观感受。我们都知道，主观感受对一个人的影响是深远而持久的，主观感受一旦形成，就很难发生改变。

消费者在购物过程中形成的主观感受也是如此。如果在第一次购物的过程中形成的是良好的主观感受，那么，当下次有相同需求时，消费者便会再次光顾。反之，如果第一次购物的主观感受是糟糕的，消费者为了避免糟糕体验再次出现，就会拒绝再次消费。

因此，商家一定要从消费者的角度思考问题，尽最大可能为消费者创造良好的购物体验。毕竟，对从事服务业的商家来说，目标用户的主观感受重于一切。要想让店铺获得持续的发展动力，就必须重视用户的主观感受。

9.1.1 了解用户体验的 3 种基本类型

总体来说，根据体验来源的不同，用户体验大致可以分为 3 种类型：感官体验、情感体验和文化体验。下面作者就对这 3 种体验分别进行解读。

1. 感官体验

感官体验是通过视觉、听觉、味觉、触觉和嗅觉等感官形成的直观感受。例如，当吃到柠檬时，我们会觉得酸；当听到欢快的音乐时，我们会觉得心情愉悦。这些就属于感官体验。

在消费者购物的过程中，感官体验往往能够直接在消费者心中留下第一印象。例如，当消费者第一次在外卖店铺中购买的菜品没有炒熟时，会觉得下次再买可能菜还是没有炒熟，因此，为了避免不好的购物体验再次出现，消费者一般不会再次进店消费。

那么，商家如何为消费者提供良好的感官体验呢？其中一种比较好的方法就是站在消费者的角度，对菜品进行审视，并在对不足之处进行改进之后，建立标准化的生产过程，保证菜品的质量，从而让消费者可以拥有更好的感官体验。

2. 情感体验

情感体验，顾名思义就是通过情感形成的一种购物体验。人都是感性的动物，大多数营销之所以能够取得成功，其中关键的一点就是，在营销过程中有一些点可以触动消费者的情感。

例如，当消费者在订单上填写备注信息时，商家通过满足其需求便可以让消费者获得良好的情感体验。如图 9-1 所示为商家根据消费者的要求绘制的小猪佩奇。可以想象，当消费者收到该画像时，或多或少会觉得感动，这样一来，商家便为消费者创造了良好的情感体验。

图 9-1 商家根据消费者的要求绘制的小猪佩奇

3. 文化体验

文化体验是消费者通过商家的品牌文化获得的一种体验。例如，星巴克咖啡的品牌文化就是围绕人和知识，为消费者创造良好的食用体验。因此，即便星巴克咖啡的价格并不是很贵，消费者在食用时仍会感觉有点“小资”。

当然，品牌文化是长期经营的结果，商家如果想要在消费者心中留下良好的文化体验，还得注重平时的运营和品牌的塑造。因为消费者对于品牌文化的感受也是比较主观的，它取决于商家呈现给消费者的品牌形象。

9.1.2 掌握用户体验的 8 大组成要素

用户体验是由消费者的主观感受和商家提供的产品及服务共同决定的。也就是说，如果将用户体验看作用户对购物体验打分的话，那么，总分是由多个要素共同构成的。

一般来说，外卖的用户体验主要由 8 个要素决定：安全、价格、视觉、服务、实用、情感、个性和环保。所以，商家如果想提高用户的体验分，可以重点从以上 8 个方面努力，为消费者打造更好的购物体验。

例如，从安全的角度考虑，商家可以在店铺中设置特定的版块，对食材进行说明，让消费者觉得你的食材安全有保障，从而增加对店铺的好感度。如图 9-2 所示为“放心食材”版块的相关界面。当消费者看到该版块时，往往会觉得该店铺的食材更加有保障。这样一来，消费者对店铺的评分自然就会有所提升了。

图 9-2 “放心食材”版块的相关界面

9.1.3 看清用户体验的 4 大变化趋势

要想将用户体验做到极致，就要先明白用户想要的是怎样的体验。而随着外卖行业的发展和消费者消费习惯的变化，用户想要的体验又在不断变化。所以，商家要打造极致体验，就需要分析用户体验的变化趋势，要针对性地打造用户体验。具体来说，用户体验的变化主要有 4 大趋势，具体如下。

1. 关注时间成本

消费者为什么要点外卖？有的消费者可能是因为自己不会做饭，或者懒得自己做饭，所以点外卖填饱肚子；有的消费者可能是觉得外卖比较便宜，所以选择点外卖。除了这两个原因，更多的消费者之所以会选择点外卖，可能还是因为通过点外卖能够更快地吃到餐点。

而对希望快点吃到餐点的消费者来说，送餐速度就成为其关注的重点。在这一类消费者看来，花费的时间成本是评判店铺好坏的关键。如果送餐严重超时，那么，即便味道再好，消费者可能也会给差评。

如图 9-3 所示为部分消费者的评价，可以看到，这些消费者给出的都是差评，而评价的理由都是“慢”“超时”等。由此不难看出送餐速度对用户体验的影响之大。

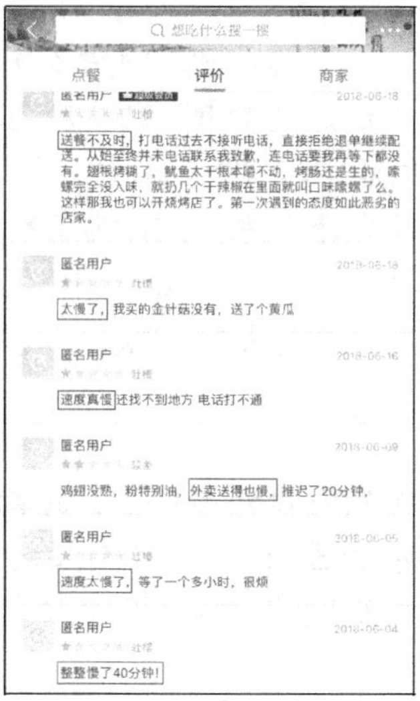

图 9-3 部分消费者的评价

2. 注重个性消费

因为外卖的选择空间大，再加上消费习惯的转变，消费者在点外卖时变得越来越注重个性。对一些消费者来说，点外卖不只是为了填饱肚子，更是要吃到自己想吃的东西。甚至对一些吃得不是很多的消费者来说，外卖的分量不重要，关键是食物要看着有个性，吃着味道还不错。

例如，消费者可能想要吃韩式的烤肉，那么，他（她）可能会直接搜索“韩式烤肉”。所以，如果商家提供的烤肉不是韩式的，即使味道和订单数量都不错，他（她）也不会进入你的店铺，甚至因为你的店铺中没有“韩式”两个字，连出现在搜索结果中的机会也没有。

所以，商家在打造用户体验的过程中，还要从消费者的个性需求出发，为消费者提供个性化的菜品和服务。这一方面需要对消费者的需求进行分析，准确把握消费者的个性需求；另一方面也需要根据个性需求，提供相应的菜品和服务，让消费者的个性消费需求得以满足。

3．渴望互动交流

从事外卖行业时间比较长的商家可能会发现这样的情况，一部分消费者会在点餐时进行备注。这些备注有的是对口味提出的要求，有的是在其他方面提出的要求。

例如，有的消费者会在订单备注中表示心情不好，希望商家画个老虎、小猪佩奇之类的安慰一下。其实这类人之所以会这么做，就是希望通过点外卖满足互动交流的需求。

对此，商家可以通过一定的措施，满足消费者互动交流的需求。订单备注和评论版块，或多或少都能起到满足消费者互动交流需求作用。除此之外，商家在满足消费者互动交流需求方面还可以做更多努力。

例如，可以在外卖店铺中留下联系方式，为消费者的互动交流提供一个更加便利的渠道。如图 9-4 所示为“饿了么”App 中“商家”版块的相关界面，可以看到，在该版块中便设置了“商家电话”一栏。

4．寻求情感共鸣

随着外卖行业的发展，消费者点外卖时有了越来越多的选择，而对没点过外卖，或者说点外卖比较少的消费者来说，在点外卖时，除了评分、订单数量等硬性指标，还有一个因素对最终决定的影响是比较大的，那就是店铺给他（她）的感觉。

这个感觉，可以说是眼缘，也可以说是店铺对消费者的情感触动程度。虽然大部分消费者与商家是完全陌生的，但是，消费者对于能够获得情感共鸣的商家往往会多一份信任。

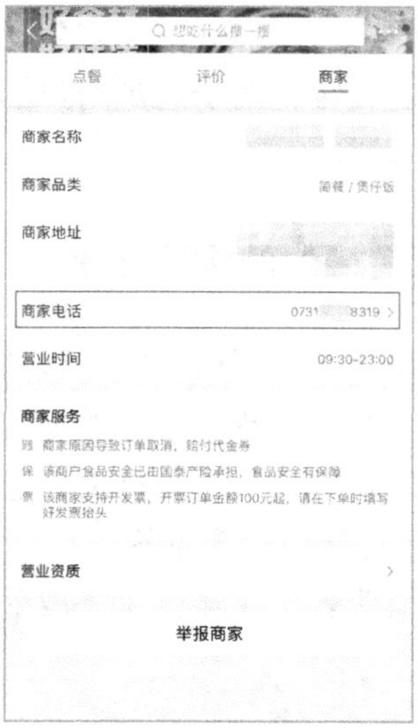

图 9-4 “饿了么”App“商家”版块的相关界面

如图 9-5 所示为两个湖南长沙的油炸小吃店的相关介绍，可以看到，第一家店铺的公告中重点说明该小吃店是对湖南美食的传承，味道更符合长沙人的口味；而第二家店铺的公告中只是说辣椒不是特别辣。如果你是长沙的消费者，哪家店铺的介绍更能打动你呢？

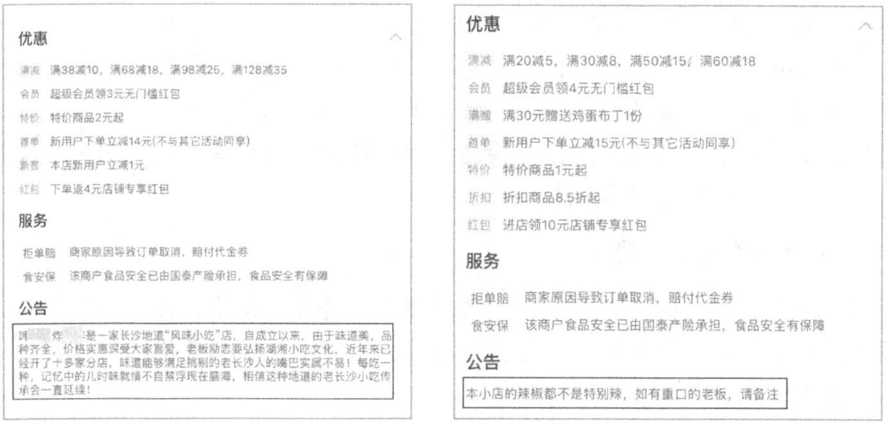

图 9-5 两个湖南长沙的油炸小吃店的相关介绍

9.2 线上要重点满足用户各种需求

对外卖商家来说，线上可以说是营销的主战场。也就是说，一家店铺的经营情况如何，关键还要看线上的运营。那么，商家怎样通过线上运营将用户体验做到极致呢？作者认为，其中的关键就在于满足用户的各种合理需求，为消费者给店铺好评提供理由。

9.2.1 线上接待，营造愉悦的沟通氛围

因为外卖商家的主战场在线上，所以，线上接待就显得尤为重要了。对于线上接待，商家需要明确的一点是，消费者是你的服务对象，或者说是你的衣食父母。因此，在接待消费者的过程中，一定要努力营造愉悦的沟通氛围，即使消费者的态度不是太好，也应该尽可能地微笑服务。

当然，对于不同类型的消费者，在接待时采取的对策也是有所不同的。接下来，作者就分别进行解读。

1. 对待态度好的消费者

态度比较好的消费者，通常会更多地想到商家的不易，在沟通的过程中传达的是善意。有时，即使店铺的综合分只有 3 星，这部分消费者也会给店铺 4 星或者 5 星的评价。

对于这类消费者，商家需要做的就是在接受善意的同时，回馈善意。例如，当消费者用 5 星好评给出肯定时，商家应该及时回复，一方面要接受善意，并表示感谢；另一方面也要表达继续努力改进的态度。

如图 9-6 所示为某商家的评价界面（一），可以看到，消费者给的都是 5 星好评，而且言语间流露的都是赞美之情。无论是店铺真的做得好，还是消费者有意赞扬，消费者这么做传达的都是善意，而商家的回复也集中在感谢和继续努力上，可以说这位商家的沟通方法是非常正确的。

2. 对待态度差的消费者

对商家来说，碰到态度好的消费者自然是一件幸运的事。然而事实却是，并非所有的消费者都那么好说话。由于种种原因，部分消费者在沟通的过程中，态度可能是比较差的。

例如，消费者在用餐时如果心情不好，就会觉得饭菜的口味达不到要求。在这种情况下，可能商家的综合评分在 3 星左右，而消费者在评分时可能只会给 2 星，甚至是 1 星。

当然，从商家的角度来看，消费者给差评是怎么也高兴不起来的。但是，消费者毕竟是你的服务对象，你可以心里不高兴，却不能表现得过于明显。因为如果你和消费者争论，不但不能解决问题，反而会让事情变得更加糟糕。

此时，正确的做法应该是承认自身的不足，并在为存在的问题向消费者道歉的同时表示以后一定会改正，或者以后一定会改进。因为有时候消费者给差评也不一定是因为菜品真的差，如果商家态度良好，消费者可能会觉得商家值得被原谅，在下次有需求时，还会光顾。

如图 9-7 所示为某商家的评价界面（二），可以看到，界面中消费者给出的都是差评，并且都给出了充分的理由。而商家在回复时也都是主动道歉，表示以后会改进，这些商家在面对差评时，还能为消费者创造良好的沟通氛围，这种服务态度是值得所有外卖商家学习的。

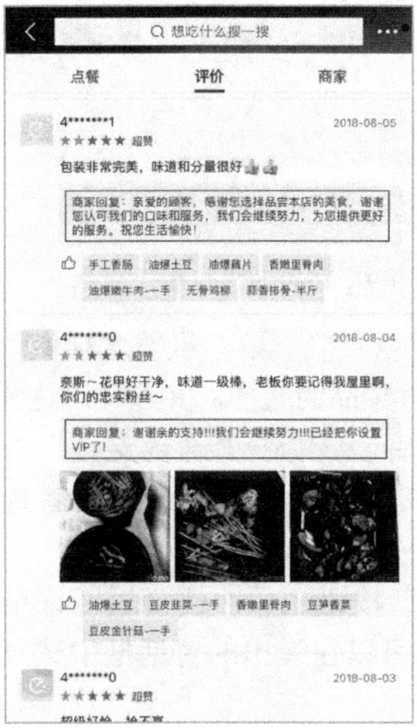

图 9-6　某商家的评价界面（一）

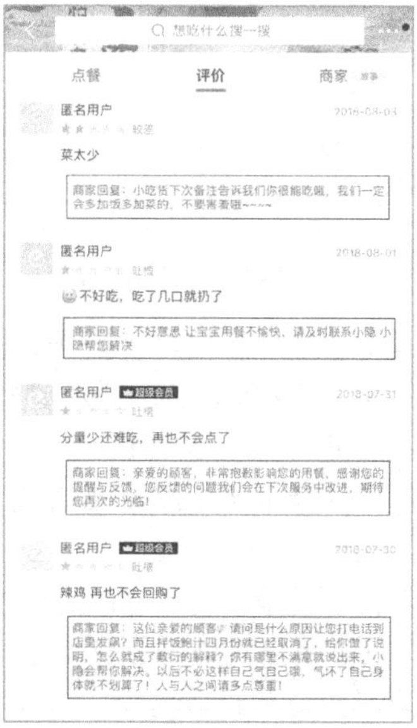

图 9-7　某商家的评价界面（二）

9.2.2　预订餐点，打造快捷的消费场景

在线下实体店铺中，预订功能主要是为消费者提供一个排队的渠道。通过预订，消费者可以避免在店铺生意火爆时等待时间过长的情况。当然，外卖预订功能也能让消费者有更好的消费体验，消费者可以先定好菜品和送达时间，享受更加便捷的消费场景。

例如，在“饿了么”App 中，如果店铺正常营业的时间还没到，便会在“外卖”界面中显示“预订中××:00 配送”的字样，如图 9-8 所示。而消费者进入这类店铺后，在店铺“点餐”界面的上方会显示“接受预订中××:00 开始配送”，如图 9-9 所示。

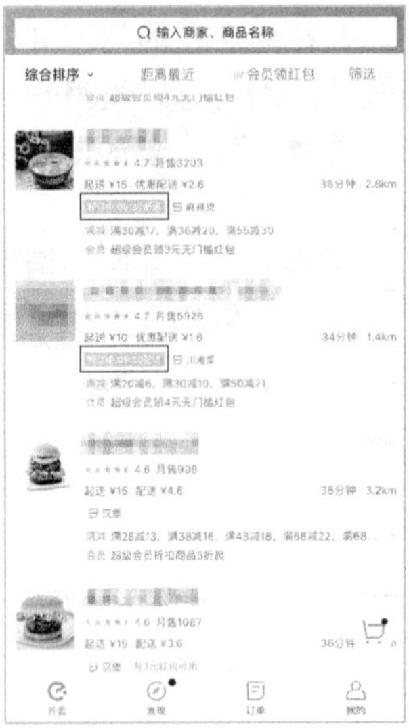

图 9-8 “外卖”界面

图 9-9 某店铺“点餐”界面

与线下实体店相比，外卖预订的优势在于可以直接下单，虽然这样做等待的时间比平时点外卖可能要长一些。但是，可以先进行菜品的选择，并选择送达的时间。

当消费者在接受预订的店铺中点好餐点之后，❶单击“确认支付”按钮，并不会立即弹出支付对话框；❷而是弹出“温馨提示”对话框，请消费者选择送达的时间，如图 9-10 所示。

而单击“温馨提示”对话框中的“知道了”按钮之后，便会返回订单界面。❶消费者只需单击“选择预订送达时间”，❷便可以在弹出的对话框中选择餐点的送达时间，如图 9-11 所示。

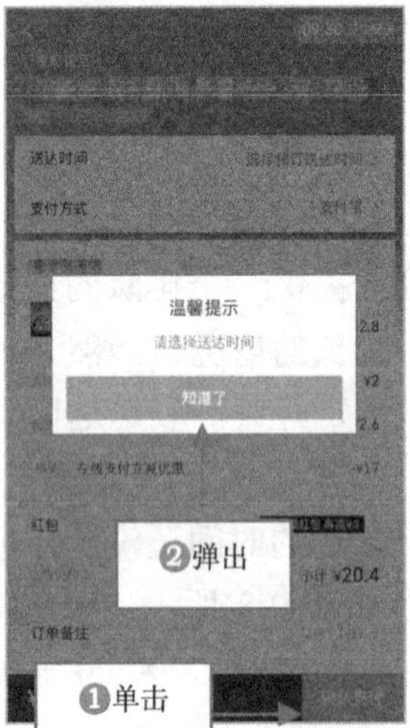

图 9-10 单击“确定支付”按钮

图 9-11 选择送达时间

选择完成并支付对应金额之后，消费者便完成了餐点预订。而商家也会根据消费者的预订信息，将餐点按时送达。而这样一来，预订功能结合在线支付功能，为消费者提供了一个十分便利的消费场景。

9.2.3 亲切称呼，消除用户的不适体验

对消费者来说，虽然他（她）和商家之间是买卖关系，但是，他（她）也会希望双方在买卖过程中，能多一些情感。毕竟人都是有感情的，如果商家表现得太过功利，很可能会引起消费者的不适。

对此，商家还要通过一定的语言表达技巧，通过“亲”等亲切的称呼，拉近与消费者的心理距离，营造舒适的沟通氛围。如图 9-12 所示为部分店铺的评价界面，可以看到，很多商家用的称呼就是“亲”。

不同的称呼带给消费者的感受往往是不同的，同样是对消费者的称呼，“您”显得庄重，而“亲”则更亲切。除了“您”和“亲”，商家还可以根据消费者的类别，给出其他的称呼。例如，对于一些年轻的消费者，可以用“宝宝”这种称呼，更好地拉近彼此的距离，消除消费者的不适感。

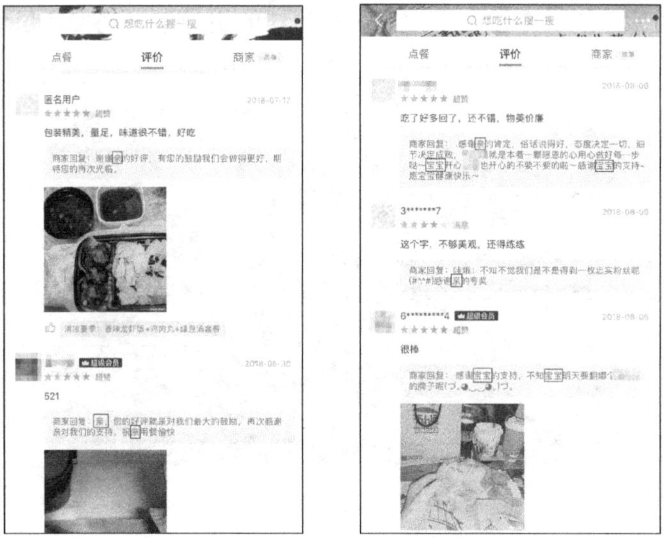

图 9-12 部分店铺的评价界面

9.3 线下需要打造优质的服务体验

虽然外卖的运营重点在线上，但是线下的一些问题同样也是不可忽略的。例如，通过舒适的店铺环境提升消费者的购物体验。再如，通过线下体验的优化，

将消费者引导到线上，并刺激消费者的购物意愿。

9.3.1 舒适环境提升消费体验

消费者对餐厅的环境通常都比较在意，毕竟吃东西时，环境很重要。在线下消费时，许多消费者会先在店铺外查看店铺的环境，如果觉得环境看着不够舒适，那么，很可能就不会进店消费。而在许多外卖平台中，为了让消费者放心下单，商家也会被要求展示店铺厨房的环境。

所以，无论商家是在线上线下同时经营，还是只做线上的外卖，都需要在店铺环境上多下一些功夫，给消费者留下一个好印象，这也是提升消费者消费体验的一种有效方法。

以店铺的整体环境为例，虽然消费者点外卖之后，并不会到线下店铺用餐。但是，如果商家展示的是一个看着就舒适的就餐环境，消费者也会觉得商家比较重视用户体验，从而提高对商家的印象分，增加下单消费的可能性。

如图 9-13 所示为某店铺的就餐环境，消费者看到之后可能就会觉得，这样一个环境舒适，而又不失精致的店铺，光是看环境就会觉得它对待消费者是用了心的，那它的菜品味道一定差不了。在这种想法的引导下，消费者虽然知道自己不会去店铺进餐，但还是会觉得这家店铺让人觉得放心。

图 9-13 某店铺的就餐环境

9.3.2 优化体验刺激消费意愿

购物消费说到底还要看消费者个人的意愿，如果消费者不愿意进店铺，那你做再多也是没有用的。所以，许多商家都将线上引流作为运营的重要环节。其实，除线上外，在线下同样可以进行引流，而且通过线下体验式引流获得的消费者往往还要更忠诚一些。

体验式引流就是通过让消费者亲自试用，获得良好的感受，从而达到引流的目的。体验式引流通常有两种运作模式，一种是通过举办活动让消费者免费试吃、试用；另一种是随机选择部分消费者提供免费试吃、试用的商品。

如图 9-14 所示为某店铺免费试吃活动的宣传海报，采用的便是第一种体验式引流模式。

图 9-14　某店铺免费试吃活动的宣传海报

免费试吃、试用等活动通常能够比较快速地吸引消费者的目光，而且只要消费者觉得味道好，或者用着舒服，就会有消费的可能。毕竟有“吃人家的嘴短”的心理作用，再加上是免费的，所以消费者在试吃、试用之后给好评的可能性会比较大，甚至有部分消费者会因为不好意思而直接进店消费。

当然，体验式引流如果能够达到直接引导消费者进店购物的目的，那自然是最好的。如果实现不了，商家至少也得想办法起到引流的作用，让试吃、试用活动获得应有的效果。

对此，商家可以在试吃、试用活动中加一个前提条件，如关注店铺等。这样一来，即便消费者没有当场消费，至少也成为你店铺的粉丝，等消费者下次有需求时，也会将你的店铺作为一个选择项。

9.4　售后服务是用户体验的加分器

虽然商家最重要的事就是将东西卖出去，但是，必须明白的一点是，你要做的不是“一锤子买卖”，而是要获得忠实的消费者，让他（她）为店铺的发展提供长足的动力。

所以，除了将商品卖出去，商家还需要把握好售后环节。因为售后服务直接与用户的体验相关，而且会直接影响用户对店铺的印象。一次好的售后服务，会在消费者心中为店铺加分不少，而店铺在消费者心中的分数越高，消费者成为回头客的可能性也越大。

9.4.1 端正态度提升用户好感

服务业从业者对待消费者的态度很重要，虽然说把消费者当成上帝有些夸张，但是，消费者选择了你，就是对你的信任，而且他（她）还在你的店铺消费了。那么，作为服务的提供者，就有必要为消费者提供好的服务。

所以，无论是在什么样的情况下，商家都应该以服务者的身份与消费者沟通，端正自身的态度。那么，商家应如何端正态度，提升用户的好感度呢？接下来，作者就对 3 种情况进行说明。

1. 被表扬应感谢

虽然很多时候商家能够被消费者表扬，更多的是因为商家自身为消费者提供了比较好的购物体验。但是，作为商家，也不能觉得消费者表扬你是理所应当的。毕竟，对店铺的评价权始终在消费者手中，更何况消费者光顾了你的店铺，这本身就值得感谢。

商家在与消费者沟通的过程中，需要明确的一点就是，消费者与你沟通，并表扬你的店铺时，就说明他（她）对你的店铺是有好感的。但是，如果你没有表示感谢，或者连回复都没有，消费者就会觉得自己是在“用热脸贴冷屁股”，在这种想法的引导下，消费者对店铺的好感度也会随之下降。

2. 有不足就承认

因为每个消费者的口味都不相同，所以，商家提供的菜品不可能让每个消费者都满意。再加上商家在服务的过程中，可能也会存在一些失误。因此，对于不足的地方，商家应该勇敢地承认，并向消费者表达歉意，让消费者看到你的态度。

3. 有损失就补偿

当商家在服务过程中存在不足时，有时就会出现给消费者造成经济损失的情况。对于这种情况，商家应该做的是，主动承担责任，并给消费者应有的补偿。

买卖实际上就是物品间的等价交换，而如果因为商家的问题，让消费者有所损失时，双方间的买卖便变得不再等价了。而一个有良心的商家，此时就会做出合理补偿。这既是商家的义务，也是提高消费者好感度的一种有效方式。

9.4.2 附赠惊喜成就双赢局面

每个人都喜欢惊喜，消费者也不例外。如果商家能够给消费者一些惊喜，特别是消费者喜欢的惊喜，消费者就会觉得你很重视他（她）。在这种情况下，消费者对商家的好感度自然就会大幅增加。而伴随着好感的增加，消费者再次消费的可能性也随之提高。

其实，如果商家仔细分析就会发现，大部分消费者都是比较容易满足的，通过附赠惊喜，消费者的获得感会有所增加，甚至部分消费者在看到附赠的东西时，还会觉得自己“赚”了。

当然，在附赠惊喜的过程中，商家还是需要把握成本的，通过薄利多销谋求双赢的局面。一方面，商家可以通过附赠惊喜，提高消费者的好感度；另一方面，商家也不能做亏本买卖，所以，在选择附赠的惊喜时，还需重点考虑成本的控制。

那么，商家到底应该怎样为消费者附赠惊喜呢？作者认为主要有两种思路可以考虑。一种是在点餐界面中设置与赠品相关的版块，为关注店铺的消费者赠送一定的物品，如图 9-15 所示。

商家也可以不在店铺中设置赠品信息，而是直接送赠品，这种方式带给消费者的惊喜通常还要更强烈一些。只是让消费者关注店铺之后再送赠品，可以增加消费者对店铺的关注度。

除了送赠品，商家还可以通过向消费者发放红包的方式，更直接地带给消费者惊喜，如图 9-16 所示。毕竟商家送的赠品可能并不是消费者想要的。另外，因为红包是随机的，所以，消费者在这种不确定中往往可以获得更多惊喜。

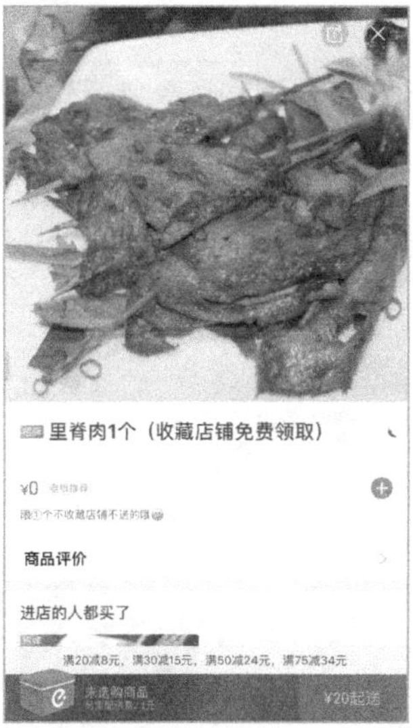

图 9-15 在店铺中设置赠品版块

图 9-16 向消费者发放红包

9.4.3 礼貌道别留下良好印象

售后服务的重点和关键在于和消费者的沟通。为了给消费者留下良好的印象，店铺的客服人员还要学习一些必要的沟通技巧。另外，需要特别注意的是，客服人员对整个沟通过程都要足够重视，特别是在沟通即将完成时，一定要和消费者礼貌道别。

然而，事实却是，很多店铺的客服人员往往把沟通的重心放在前期和中期，而忽略了后期。这样做的会让消费者觉得你不够重视他（她），甚至会觉得客服人员的服务水平有待提高。而这样一来，就会影响消费者的整个购物体验。

当然，除了重视礼貌道别，商家在与消费者道别时还应掌握一定的技巧，为消费者营造良好的沟通氛围。通常来说，客服人员需要做好以下 2 方面的工作。

1. 表达祝福

无论是谁，在接受他人的祝福时都是高兴的。对客服人员来说，祝福可能只是顺带的事，但是，在消费者听来却可能是令人愉悦的。

当然，在祝福时还得注意对象。如果客服人员不知道消费者的具体情况，可以用一些通用的祝福语表达自己的祝福，如“工作顺利”“财源广进”“万事如意”“笑口常开”等。

2. 发出邀请

毕竟，客服人员是为店铺服务的。所以，除了祝福，客服人员还需要在道别时，对消费者发出再次光顾店铺的邀请。当然，为了避免看起来太过直接，客服人员也可以在发出邀请时进行一些说明。

例如，客服人员可以说，感谢消费者对店铺的关注，消费者反馈的信息对店铺工作的改进非常有意义。希望消费者可以经常光顾店铺，对店铺的相关工作提出批评和建议。

第 10 章

口碑：怎样提升好评，让顾客自动上门

读前提示

无论是何种类型的店铺，口碑都是商家需要重点把握的一项内容。毕竟一家店铺的口碑对潜在消费者有很强的引导作用。

而对以线上运营为主的外卖店铺来说，口碑的打造就显得尤为重要了。所以，在店铺的运营过程中，商家还要掌握一定的技巧，努力提升口碑，让消费者自动上门下单。

要点展示

10.1　4 个要点，助力好评全面提升

商家之所以重视店铺的口碑建设，主要有两方面原因。首先，口碑的好坏代表的是消费者对店铺菜品的认可程度；其次，消费者在点外卖时会将口碑作为重要的参考依据。一个高口碑的店铺，往往更容易被消费者选择。

因此，商家为了让店铺获得更多订单，还得努力提升口碑。当然，在提升的过程中，先要找到要点，有针对性地进行。通常来说，提升好评主要有 4 个要点，这一节我们就来一一进行分析。

10.1.1　好评始于精准的产品定位

在研究好评提升的方法之前，我们需要先明白一点，那就是好评都来自消费者，商家能做的只是提供更好的产品和服务，增加消费者给好评的意愿。而在消费者看来，只有店铺的产品和服务达到了心理预期，自己才会给出好评。

而要让店铺的产品达到消费者的心理预期，首先还要对产品进行精准定位，

找到可以打动消费者的点。当然，产品定位的方向有很多，商家只需根据市场需求和自身情况选择即可。在这里作者选取两种产品定位方向进行重点说明，具体如下。

1．价格定位

每个消费者对外卖都有一定的心理承受价格，商家需要通过市场调研，明确主要消费群体的心理承受价格。然后，根据消费者的心理承受价格制定菜单，为消费者提供消费得起的菜品。

例如，像煲仔饭这类菜品，它的主要消费群体是普通白领和学生。而普通白领和学生可能不舍得把太多钱用在吃饭上。所以，煲仔饭商家还应尽可能地提供物美价廉的菜品。只有这样，消费者才会来店铺消费，而只有消费了才有可能会给你好评。

2．外观定位

现在越来越多的人开始重视颜值，甚至连点外卖都要看菜品的“长相”。为了更好地满足这一部分消费者的需求，商家可以对菜品进行外观定位，用相对美观的方式将菜品呈现给消费者。

图 10-1 所示为某店铺的部分菜品，虽然只是简单的菜品，但是，从商家提供的菜品图片来看，却是比较美观的。很显然，该店铺在菜品的外观定位方面做得是比较好的。

图 10-1　某店铺的部分菜品

▶ **温馨提醒**

在进行外观定位时，需要考虑的内容是多方面的，菜品的摆放和图片呈现效果自然是需要重点考虑的。除此之外，像餐盒、外卖包装袋、筷子和其他赠品的外观也需要尽可能地做到美观。

10.1.2 消费与好评是相辅相成的

在一定程度上，消费和好评是相辅相成的。一方面，只有消费者在店铺中消费了，店铺才有可能获得好评；另一方面，消费者在消费时会查看评价，而好评越多越能带动消费。

1. 消费了才能得好评

只有经历过，才有发言权。各大外卖平台显然也很认同这一点，所以，消费者只有在完成下单的情况下，才可以对店铺进行评价。也就是说，店铺的好评是建立在消费基础上的。

那么，消费者在订单完成之后，应如何进行评价呢？这一点每个平台都略有差异，接下来，作者就以“饿了么”App 为例，具体讲解消费者评价订单的步骤。

步骤 01 登录“饿了么”App，❶单击下方的“订单”按钮，进入“订单”界面；选择需要评价的订单，❷单击订单中的“评价”按钮，如图 10-2 所示。

步骤 02 执行操作后，进入如图 10-3 所示的“评价”界面（一）。在该界面中，消费者可以对配送服务和商家服务分别进行评价，评价完成后单击下方的“提交评价”按钮，如图 10-4 所示。

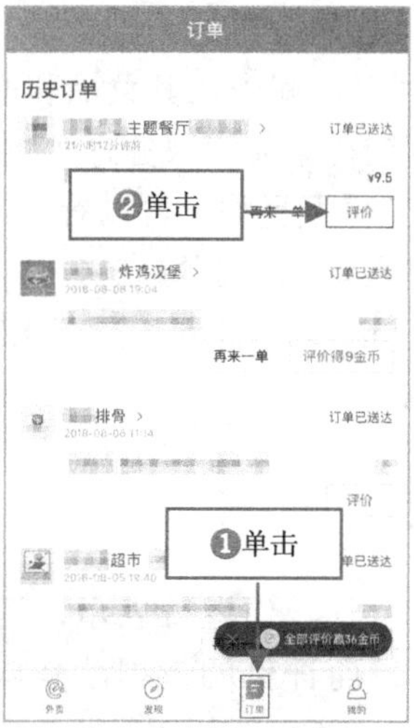

图 10-2 “订单”界面

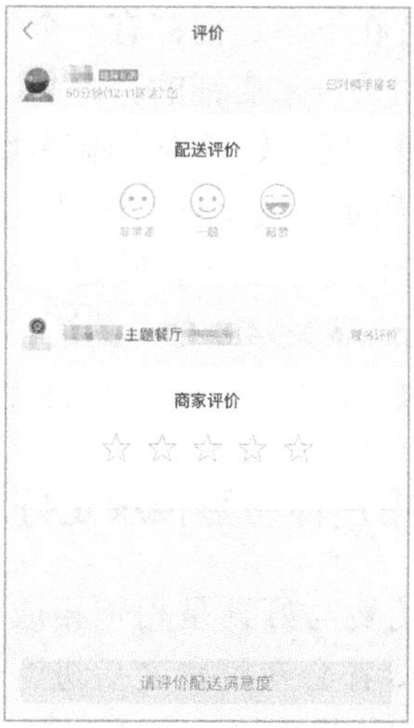

图 10-3 “评价”界面（一）

步骤 03 完成操作后，消费者的评价便完成了。而在消费者评价完成后，商家的评价界面中也将显示消费者的评价，如图 10-5 所示。

图 10-4 “评价”界面（二）

图 10-5 商家的“评价”界面

当然，在很多平台中，消费者评价完成之后，要等一段时间才会在商家的界面中出现。这个时间根据平台不同而不同，快的可能评价完之后就会显示，慢的可能要等 1 天左右的时间。

2. 好评可以带动消费

许多消费者在下单之前都有一个习惯，就是查看他人的评价，并将其作为一个参考依据。如果一家店铺的评分高、好评多，就说明其菜品和服务相对来说比较有保障；而评分低、好评少，则说明该店铺在菜品和服务方面做得还不够好。

如图 10-6 所示为两个炸鸡汉堡店的“评价”界面。可以看到，在第一家店铺中，商家的评分仅为 4.3 分，味道、包装和配送的评分均在 4 分以下；而第二家店铺的商家评分却高达 4.8 分，味道、包装和配送的评分也都在 4.5 分左右。如果你要买炸鸡、汉堡，会选择哪家店铺呢？

10.1.3 用户体验直接决定好评度

前面在说消费与好评是相辅相成的关系时，作者曾表示，消费了才能有好评。确实，消费者会在消费之后进行评价，而评价的依据就是购物的体验。也就是说，用户体验将直接决定店铺的好评度。商家要想提高好评度，就需要在用户体验上多下功夫。作者认为，在提升用户体验的过程中，商家需要明白以下 3 点。

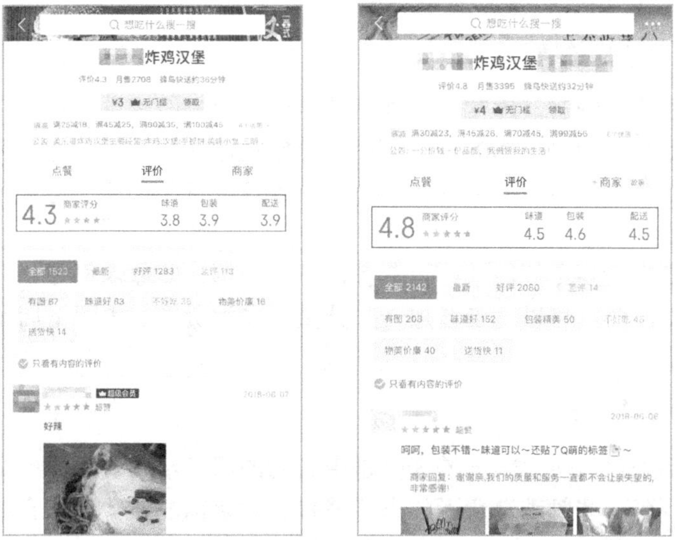

图 10-6　两个炸鸡汉堡店的“评价”界面

1．体验比营销重要

许多商家认为，对一家店铺来说，最重要的就是获得订单，所以，为了获得更多订单，商家都会费尽心思去做营销。有的商家为了更多地吸引消费者的目光，在宣传时可能会过于夸张，甚至进行虚假宣传。

如图 10-7 和图 10-8 所示分别为商家展示的香干炒肉图片和消费者收到菜品后拍摄的图片。虽然大家都知道买家秀和卖家秀之间是有差距的，但是，如果差距过大就很影响用户体验了。

图 10-7　商家展示的香干炒肉图片

图 10-8　消费者收到菜品后拍摄的图片

对此，商家应该要明白的一点是，为了吸引消费者购物，进行宣传是很有必要的，但是，却不能因为重视营销而忽略了用户体验的打造。毕竟，从消费者给评价的角度来看，用户体验比营销更加重要。

2. 第一印象是关键

用户在评价店铺时，通常是根据店铺给他（她）的感觉进行的。而这个感觉通常又会受到第一印象的影响。如果第一印象是糟糕的，消费者很可能会形成一种固有印象。在这种情况下，即使店铺的服务等各方面都还过得去，消费者可能也会挑剔地给出差评。

所以，商家需要尽可能地给消费者留下好的第一印象。例如，消费者第一次在店铺购物时，商家可以适当增加一些分量，在消费者心中留下店铺菜品物美价廉的第一印象。

3. 体验分可以增加

从根本上来说，用户体验的评分是由店铺的服务给消费者的感觉决定的。只要商家能够找到一些触动消费者的点，消费者对店铺的体验分就会增加。而随着体验分的增加，商家获得好评的可能性也将提高。

对此，商家可以采取多种策略增加消费者的体验分。例如，可以在消费者点餐时，赠送一些物品，增加消费者的获得感。再如，可以通过提供个性化的菜品和服务，提高消费者的新奇感和愉悦感。

10.1.4 处理得当，差评也能变好评

因为评分不仅是消费者对店铺评价的数字化体现，更会对潜在消费者的下单行为产生引导性的作用。所以，评分对商家来说是非常重要的。每个商家都希望能够得到消费者的好评。然而事实却是，出于这样或那样的原因，总会有一些消费者给出差评。

其实，有消费者给差评是一件正常的事，这也没有想象中那么可怕。因为通过一些补救措施，商家可以改变消费者的态度，让原本给出差评的消费者，也愿意重新给好评。

在这里需要特别说明的是，有时候虽然消费者愿意修改自己的评价，将差评改为好评。但是，一些给了差评之后又想修改的消费者，却因为不知道如何操作而放弃了修改。对于这一部分消费者，商家需要做的就是告知其修改方法，让消费者顺利地修改差评。接下来，作者就以“饿了么”App 为例，讲解在外卖平台中修改差评的方法。

步骤 01 登录“饿了么”App，❶单击下方的“订单”按钮，进入“订单”界

面；❷选择需要修改评价的订单，如图 10-9 所示。

步骤 02 完成操作后，进入如图 10-10 所示的“订单已送达”界面。在该界面中，单击“我的评价”一栏。

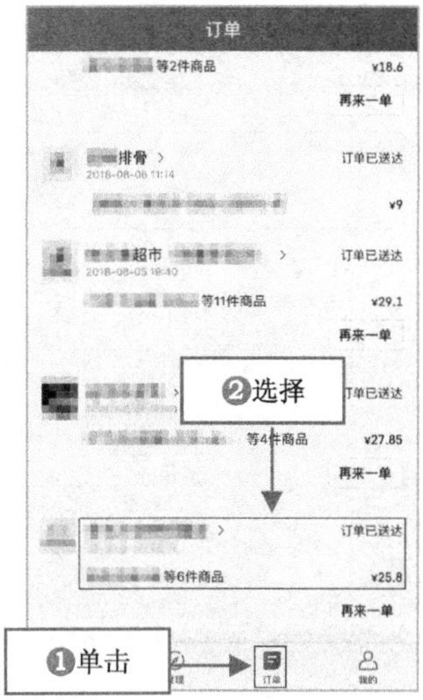

图 10-9 “订单”界面

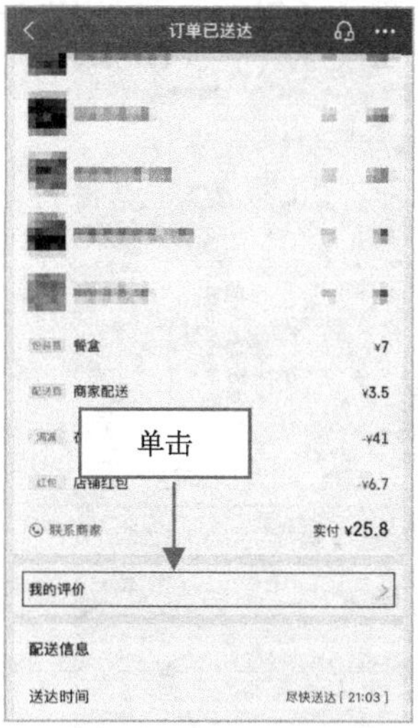

图 10-10 “订单已送达”界面

步骤 03 进入“我的评价”界面，单击界面下方的“修改评价”按钮，如图 10-11 所示。

步骤 04 执行操作后，进入“修改评价”界面。在该界面中，❶修改评价内容；❷单击“保存修改”按钮，如图 10-12 所示。

图 10-11 “我的评价”界面

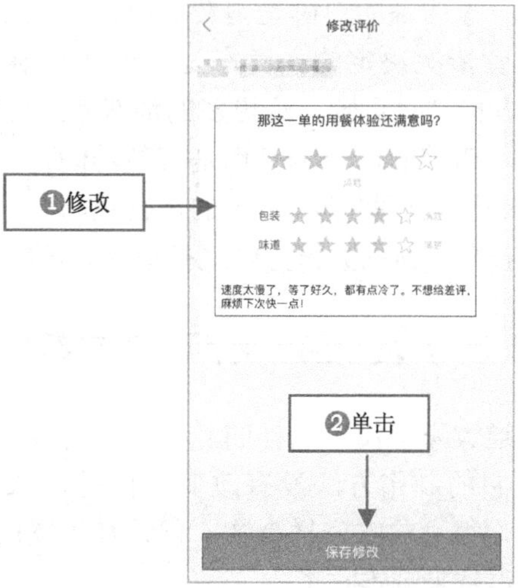

图 10-12 “修改评价”界面

步骤 05 完成操作后，界面中将弹出“是否提交修改？”对话框，单击对话框中的“提交”按钮，如图 10-13 所示。

步骤 06 执行操作后，返回“我的评价”界面，如果显示的是修改后的评价，就说明评价修改成功了，如图 10-14 所示。

图 10-13 弹出“是否提交修改？”对话框

图 10-14 评价修改成功

10.2 5 大技巧，迎来口碑持续暴涨

虽然一家店铺的口碑是消费者给的，但是，店铺的口碑从根本上来说却是由商家的运营情况决定的。商家是不能通过刷单的方式给自己的店铺好评的，不过，商家却能通过运营，让更多的消费者给出好评。

当然，店铺的运营本身也是有技巧的，商家要想提高店铺的好评率，迎来口碑的持续暴涨，还得掌握一定的运营技巧。这一节作者就来具体解读提高店铺口碑的 5 大技巧，帮助大家更好地打造 5 星店铺。

10.2.1 开发新品，为用户带来新鲜感

不知道大家有没有这样的经历，小时候感觉很好吃的东西，长大后再吃的时候，即便它的制作方法没有改变，但是，味道却没有小时候那么好了。除此之外，如果你很喜欢吃一样食物，但连续一段时间都吃该食物的话，你也会觉得这种食物变得越来越难吃了。

其实，在此过程中，食物的味道可能并没有变化，只是我们品尝的东西多了，或者因为连续一段时间都吃该食物，我们开始变得挑剔。所以，即使食物本身的味道很好，我们可能觉得也就那样。

商家在运营的过程中也需要把握这一点，如果你的店铺长期提供的都是一模一样的菜品，不仅你的消费者数量会呈现整体下降的趋势，就连店铺的口碑也很可能会越来越差。

因此，商家在做好经典菜品的同时，还得适时推出一些新品。毕竟每个消费者的需求不同，有的消费者可能喜欢经典的味道，而有的消费者却需要新鲜感。当然，在开发新品的过程中，为了让开发出来的菜品更加符合消费者的心意，商家还需要重点把握好以下 3 点。

1. 品质

消费者在评价一件商品时，往往会将其品质作为一个重要的参考项。纵观各大国际餐饮品牌，其食物无不是品质上佳的。同样是汉堡，许多消费者会选择麦当劳或肯德基，而不是一些没听过名字的品牌，因为麦当劳、肯德基这些大品牌的汉堡在品质上更有保障。

虽然商家很难通过某一道菜品就让消费者看到店铺产品的品质，但是，品质无论在什么时候都是需要重点把握的。如果商家原来的菜品品质都比较好，而新菜品的品质却远达不到消费者的预期，消费者就会觉得商家在做新菜品时没有用心。在这种情况下，消费者对商家的评价可能会越来越差。

2. 创新

新菜品的重点在于“新”，这个“新”需要通过创新来实现。在作者看来，菜品的创新主要有两种方式，一种是名称的创新，另一种是菜品本身的创新。

名称的创新，就是菜品本身没有变化，只是对名称做了更改。例如，一道菜品名称从最初的“肉末粉条”变成现在的“蚂蚁上树”，可能食材和做法都没有变，只是名称变了，但它给人的感觉却变了。

除了单纯地修改名称，商家还可以通过将菜品以套餐的形式进行销售，取一个新的名称，让这个套餐成为一种新的菜品。如图 10-15 所示为麦当劳在世界杯期间推出的套餐，它只是将一些常见的菜品进行组合推出的套餐，却因为契合了世界杯这个主题，而让人感受到了新意。

除了名称的创新，另一种创新方式就是对菜品本身的创新。如图 10-16 所示为麦当劳新品海报。其中的“金拱门那么大圆筒布丁”就是麦当劳在中国改名“金拱门”之后推出的一款新品。

图 10-15　麦当劳在世界杯期间推出的套餐

图 10-16　麦当劳新品海报

3. 习惯

成功的商家一定明白一个道理，那就是将合适的菜品卖给合适的人，不仅能够更快地卖出，更能收获更高的口碑。这也是许多商家在开店之前，进行定位考虑的重要原因。

商家在开发新菜品的过程中，也需要重点考虑菜品是否适合消费者。例如，在一个喜食辣椒的地区，消费者可能是无辣不欢的。如果你在这样的地区，开发一个非常清淡的菜品，那么，很可能不会有太多消费者关注。

10.2.2　价格优惠，让用户觉得很划算

当我们对一件事没有太多头绪时，“由果溯因”也许是一种不错的方式。商家要想提高店铺的口碑，可以看消费者是基于什么原因给的好评，只要重点把这一点做好，之后的消费者就有可能给出好评。

消费者给好评的原因不尽相同，其中一定会有相当一部分人是因为店铺产品价格优惠，才给的好评。如图 10-17 所示为用户评价界面，可以看到，在这两个评价界面中，“物美价廉”成为关键词，而且还有很多消费者表示“很实惠”“价格便宜”。

这就说明许多消费者对菜品的价格是比较在意的。针对这一点，商家可以通过为消费者提供优惠的菜品，或者说提供在消费者看来优惠的菜品来提升消费者对店铺的好感度。

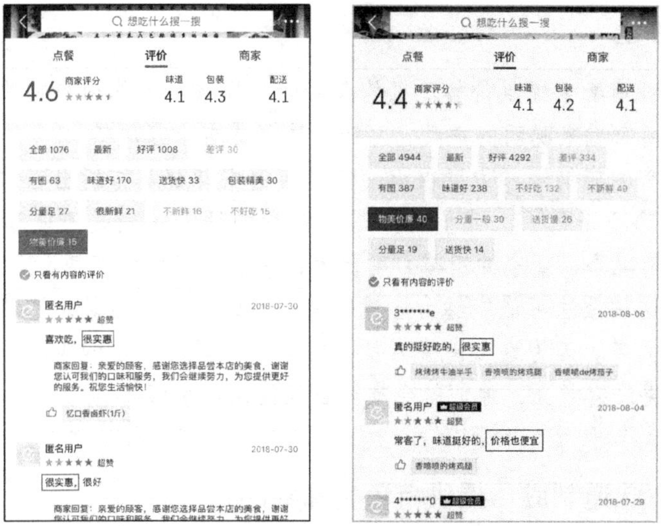

图 10-17 部分商家的评价界面

通常来说，在外卖平台中有两种方法可以让消费者觉得他们买的菜品非常划算。一种是在店铺中设置折扣版块，将菜品的原价和打折后的价格进行对比，让消费者觉得已经很便宜了，如图 10-18 所示。另一种是通过满减活动，让消费者觉得在活动中需要支付的实际金额比较少，同样的金额可以买到很多东西。如图 10-19 所示为某店铺的介绍界面，可以看到，该店铺正在进行“满 30 减 18”“满 55 减 28”“满 75 减 38”等满减活动。消费者光是看到满减的力度就会觉得非常划算。

图 10-18 某店铺的“折扣”版块

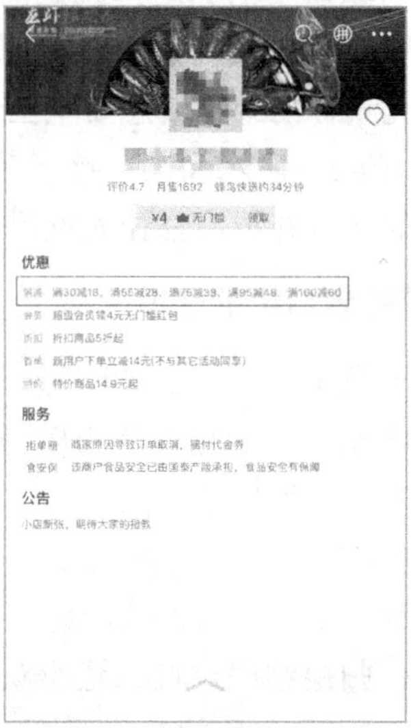

图 10-19 某店铺的介绍界面

▶ 温馨提醒

商家在给消费者提供价格优惠的菜品时，应该尽可能地少一些“套路”。因为一些在商家看来聪明的举动，可能会让消费者十分反感。

例如，有的店铺满减力度很大，但是店铺中却都是打折出售的商品，而且折扣力度还都不是很大。我们都知道，打折的商品一般是不能享受满减优惠的。在这种情况下，商家的满减力度再大，对消费者来说都是没有意义的。

当然，这种做法可能能够为店铺带来一定的流量，但是，愿意下单的消费者却并不会很多。因为许多消费者就是看到满减活动才进的店铺，如果在店铺中的满减变得没有意义，他们就会觉得自己被商家欺骗了。

10.2.3 味道制胜，提供特色美味菜品

对一个“吃货”来说，食物的味道一定是关注的重点。如果一道菜品的味道很好，即便其他方面有不足之处，他们也会直接给出好评。反之，如果一道菜品的味道不行，即便其他方面都做得很好，他们可能也会毫不犹豫地给差评。

那么，如何让消费者觉得你店铺中的菜品味道好呢？作者认为商家可以从两个方面努力，具体如下。

1. 商家口中的味道

所谓商家口中的味道，就是商家通过图片、文字等信息，让消费者感受到的味道。为了刺激消费者的下单意愿，商家有必要让消费者觉得你提供的菜品味道非常好，光看你的介绍就想要吃上一口。

如图 10-20 所示为某店铺“黄金烧麦”的介绍界面，可以看到，菜品的配图和商家写的文字介绍，都让人觉得这道菜品很好吃。

2. 消费者口中的味道

相比于商家口中菜品的味道，消费者往往更加重视其他消费者口中菜品的味道。因为商家口中的味道是为店铺的营销服务的，所以，商家展示的相关信息在消费者看来是不可尽信的。

而其他消费者口中的味道，一般是从消费者的角度来评价的，再加上消费者只有在消费之后才可以评价，这种评价在消费者看来更加客观，也更具参考性。

因此，归根结底，商家还得认真做好菜品，保证菜品的味道。毕竟，在大多数情况下，只有菜品的味道真正达到了要求，消费者才有可能认为菜品的味道好，并给出好评。

图 10-20　某店铺“黄金烧麦”的介绍界面

10.2.4　健康卫生，获取长足发展动力

许多人不喜欢点外卖的一个主要原因是，部分外卖店铺的食品制作环境脏、乱、差，再加上厨师等人员在工作过程中不太注意个人卫生，导致外卖食物的卫生情况难以保证，吃了可能会影响心情，甚至影响健康。

对商家来说，健康、卫生应该是从业的底线。商家可以通过各种合法合理的方式赚钱，但是，赚的钱要对得起自己的良心。更何况，如果消费者向相关部门反映店铺存在食品安全问题，一经查实，店铺还将面临处罚。

因此，商家在制作菜品的过程中，还必须将卫生问题时刻记在心上。菜做得好不好吃，还只是水平问题，而如果卫生没有做到位，就是思想道德问题了。水平不足消费者或许还能理解，思想道德有问题的话，消费者就绝对不会容忍了。

与菜品味道不同，卫生问题是可以直观把握的，只要商家足够重视，就不会出现此类问题。当然，除了自己做好，商家还可以通过其他方式，让消费者相信你的菜品是健康、卫生的。

例如，办理“食安保”，并在店铺的介绍界面中进行展示，让消费者知道店铺的食品安全是投保了的，食品安全是有保障的，如图 10-21 所示。

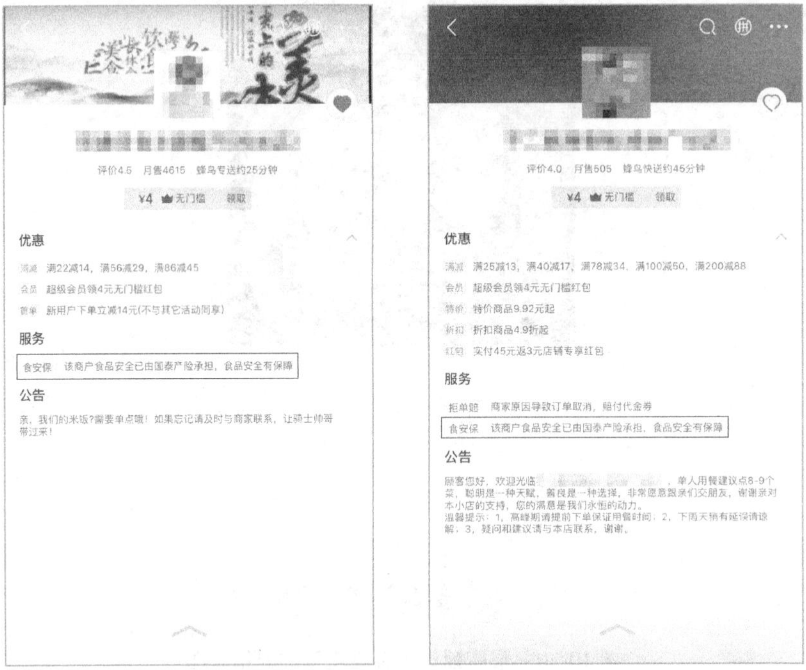

图 10-21　店铺中“食安保”的相关界面

10.2.5　口碑建设，注重网络评论引导

因为消费者在下单之前，往往都会查看其他人对店铺的评价。所以，外卖店铺的口碑建设，还得注重网络评论的引导，增加消费者的好评度，让潜在消费者看到店铺的高口碑。

通常来说，网络评论引导主要有两种方向，一种是从消费者的角度出发，通过道歉、补偿等方式，将差评变为好评，从而提高店铺的好评率。这一点在 10.1.4 节中已经进行了详细论述，这里不再赘述。另一种是通过营销手段，在消费者心中树立一个高口碑的形象。例如，海底捞借助“抖音”App 营造了许多热门话题，而且消费者也分享了许多与该品牌相关的视频，并且这些视频还获得了大量的播放量，如图 10-22 所示为“抖音”App 中与海底捞相关的部分话题和视频。

虽然这看起来只是一种营销手段，但对一些消费者，特别是没吃过海底捞的消费者来说，却会形成这样一种印象：既然有这么多人与该品牌进行互动，就说明很多人在吃过该品牌的菜品之后觉得还不错。而这样一来，海底捞在消费者心中的口碑自然就变得更好了一些。

图 10-22 “抖音”App 中与海底捞相关的部分话题和视频

第 11 章

物流：如何优化配送，增加用户满意度

读前提示

与其他行业不同，因为外卖行业的特殊性，消费者通常希望在特定的时间段内拿到餐点。所以，其对配送有着较为严格的要求。

这一章作者就从配送要点、配送方式和配送策略这 3 个角度，帮助大家更好地优化物流配送，增加用户的满意度。

要点展示

11.1 4 个配送要点，事关用户留存率

虽然对商家，特别是非店铺自己配送的商家来说，配送过程中出现的问题很可能是与商家自身没有太大关系的。但是，商家也需要明白一点，那就是消费者在评价时会将配送考虑进去，甚至部分消费者会因为配送中存在的问题，直接决定是否再次进店购物。在这种情况下，配送便直接与用户的留存率联系在一起了。

对此，商家需要把握好配送过程中的几个要点，给消费者提供更满意的配送服务。例如，可以从消费者普遍关注的时长、包装、费用和骑手 4 个方面重点改善配送服务。

11.1.1 控制时长，及时送达是最基本的要求

对许多消费者来说，外卖最让人不满的当属不能按时送达了。大多数人点外卖的主要原因就是想快点填饱肚子，当商家不能按时送达时，消费者在等待的过

程中会慢慢消磨耐心，而这样一来，消费者的消费体验将会变得非常糟糕。也正因为如此，当外卖配送时间长、不能按时送达时，许多消费者在评价时会毫不犹豫地给差评。

其实，将餐点按时送达是消费者对商家最基本的要求，毕竟消费者都希望能尽快拿到自己的外卖。而且外卖通常都有一个预计送达时间，这个时间也相当于是商家给消费者的一种承诺。作为商家，诚信很重要，既然答应了就必须要做到。

那么，商家怎样做才能控制时长，按时将餐点送到消费者手中呢？作者认为可以从以下 3 个方面重点考虑。

1．接单速度

部分消费者在下单之后，可能会等着商家接单。如果过了几分钟商家还未接单，消费者就会疑惑：这家店是不是还在正常运营？接单都这么慢，那餐点送到手里岂不是还要用很长时间？

对此，商家还需提高自身的接单速度，让消费者看到你的效率。例如，商家可以安排专门的人员进行接单，这样在消费者下单之后第一时间便能接单。除此之外，还可以在外卖平台中开通自动接单功能，并配备打印机，这样后厨只需根据小票准备餐点即可，也能为商家节省不少时间。

> **▶ 温 馨 提 醒**
>
> 在许多外卖平台中，预计送餐时长是相对固定的，并且是从商家接单之后开始计算的。这么看来，接单速度似乎不会影响商家能否按时将餐点送达。但是，商家需要明白的一点是，接单速度也是影响消费者时间成本的一个因素。

2．出餐速度

相对于接单速度，对出餐速度的控制显然是要复杂得多的。因为出餐需要做的事情比较多，从查看订单到制作餐点，再到餐点的打包，这其中的工序比较多，一旦哪个环节耽误了，出餐速度便得不到保障。

对此，作者认为有两种方法可供借鉴，一种是在正常营业之前尽可能地把准备工作做好。例如，像辣椒、葱等一些常见的、需求量大的配料，商家可以在营业之前就处理好。另一种是进行分工合作，让员工各司其职，做好各自的工作。例如，商家可以设置大厨、打包员等岗位，分别负责菜品的生产、打包等工作，明确各岗位的主要职责，避免员工跑来跑去，造成的时间浪费。

3．运送速度

对送餐时间的控制，最关键的环节还是运送速度，而这个环节往往也是花费时间最长、突发问题最多的。对自己配送的商家来说，运送时间相对来说还好把握一些。而如果是选择让其他公司来送外卖，商家可能根本控制不了运送的时间。

其实，尽管运送这个环节有太多的不确定性，商家还是可以采取一些方法控制运送时间的。例如，商家可以划定服务范围，只为附近的消费者提供服务。这样一来，配送的距离相对较短，需要花费的运送时间自然也就比较短了。

11.1.2 设计包装，漂亮的餐盒可以帮你加分

包装也是消费者比较关注的一项内容。通常来说，商家的包装设计可以从 2 方面来看。接下来，作者就分别进行说明。

1. 密封

密封就是指菜品包装之后，处于密封的状态，在运送过程中不会出现渗漏的情况。对商家来说，密封是对包装设计最基本的要求，毕竟包装最主要的作用也是保证餐点可以完好地送到消费者手中。

然而事实却是，部分商家因为包装设计不够严谨，或者包装时不够用心，还是会出现汤汁渗漏等情况。如图 11-1 所示为某消费者分享的一张图片，可以看到其餐点便明显出现了汤汁流出的情况。

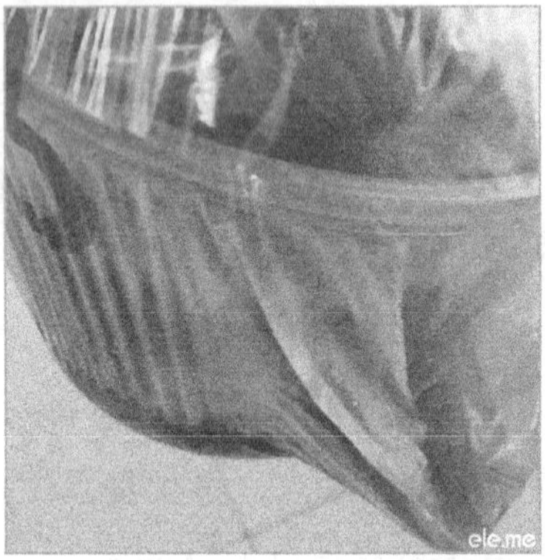

图 11-1　某消费者分享的一张图片

2. 美观

需要说明的是，这里的美观不只是追求好看的包装，而是建立在密封之上的美观。同样是包装，但不同的包装给消费者的感受却会有明显的差异。这也是为什么部分商家致力于提供美观的包装。

外卖包装其实也是用户体验的一部分，并且包装是否精致、美观，给消费者的感受都是非常直观的。以外卖包装袋为例，图 11-2 和图 11-3 同样都是外卖包装袋，但消费者在看到这两个包装袋时的感受却是非常不同的。

图 11-2 外卖包装袋（一）

图 11-3 外卖包装袋（二）

具体来说，消费者在看到如图 11-2 所示的包装袋时，会觉得该外卖包装比较精致、美观。在这种情况下，消费者心中的愉悦程度通常会相对高一些，并且会认为商家是比较用心的。自然而然地，消费者也会更愿意给店铺好评。

而当消费者看到如图 11-3 所示的包装袋时，就会觉得商家也太随便了。就拿这么一个塑料袋装外卖，这显然是不够用心的。在这种情况下，消费者对外卖的印象相对来说会比较差，对商家的印象分也会降低不少。

11.1.3 缩减费用，为用户提供超值的配送服务

外卖的价格由两部分组成，一是菜品的价格，二是运送的费用。运送费用也是许多消费者下单时重点考虑的一个因素。

如图 11-4 所示为“饿了么”App 中的两个汉堡店铺，可以看到，第一家店铺的配送费为 2.1 元，且距离消费者所在的位置相对较近；而第二家店铺的配送费却达到了 4.1 元，且距离消费者所在的位置相对较远。如果你是消费者，你会更愿意在哪家店铺下单呢？

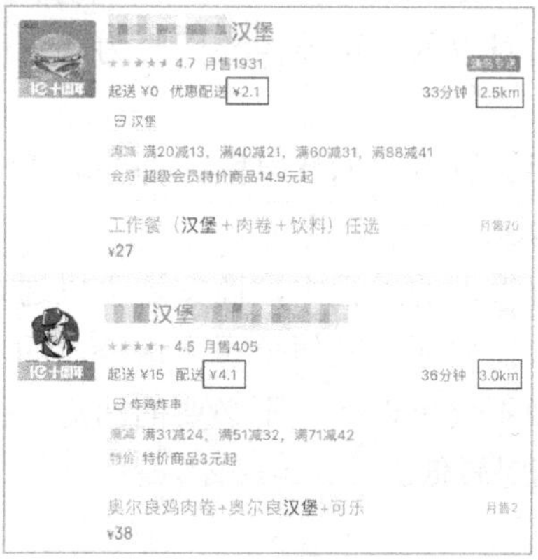

图 11-4 “饿了么”App 中的两个汉堡店铺

从上述内容不难看出，运送费用对于一家店铺的重要性。所以，商家还得想办法缩减运送费用，为消费者提供超值的配送服务，让消费者觉得在你的店铺下单是比较划得来的。

一般来说，运送费用由配送方式、配送距离和配送的物品等多种因素共同决定。商家可以从这几方面下功夫，尽可能地降低运送费用。

以配送方式为例，如果商家选择自行配送，可以自行控制运送费用，甚至当消费者单次消费额比较大时，可以为消费者免去配送费。

而如果商家选择的是由其他公司配送餐点，则可以对各公司的配送价格进行分析，将订单派给配送价格相对较低的公司。这样一来，消费者需要支付的配送费自然也就减少了。

11.1.4　管理骑手，互相理解是实现共赢的关键

骑手是餐点运送的主体，在一定程度上，骑手的服务水平直接决定了外卖运送的质量和速度。因此，商家要想优化配送，增加消费者的满意度，就必须做好骑手管理的相关工作。

从商家的角度来看，商家和骑手是互相依存的关系。一方面，骑手的质量会影响消费者对店铺的评价，如果骑手的服务质量好，消费者对商家的好感也会相应地提高；反之则相反。另一方面，商家的订单量对骑手的收入会产生影响。如果附近商家的订单量比较大，骑手每天可以完成的配送任务相对较多，能够获得的提成也会随之增加；反之则相反。

所以，商家与骑手之间还需要多一份理解，共同为消费者提供更好的服务。

（1）骑手大多数时间都在配送过程中，而配送时他们需要在拥挤的车流中穿梭。所以，为了保障骑手的安全，商家不可过分干扰骑手的配送工作。

（2）骑手为了增加自身收入，可能需要同时为几家店铺送餐。所以，有时候运送的速度会比较慢。

（3）商家可以为骑手设置专门的休息区，并为骑手充电提供相应的设备。毕竟只有骑手精力充沛，运送速度才会越快。

另外，在对骑手进行管理的过程中，商家还可以通过一些举措，提高消费者对配送的满意度。例如，需要通过其他公司配送外卖的商家，可以固定几个相对比较熟悉的骑手。这样做不仅可以减少不必要的沟通，而且骑手对店铺的了解相对较深，其出错率也会相对较低。

11.2 5 大配送方式，助力营业额翻倍

说到外卖配送，就不得不说一下外卖配送的主要方式了。总体来说，外卖配送主要有 5 种方式。对商家来说，如果配送方式选择得当，店铺的销量也会出现相应地提升。这一节作者就分别对 5 大配送方式进行说明，帮助大家寻求营业额翻倍的配送模式。

11.2.1 美团专送

很多外卖平台都有自己的专业配送队伍，例如，美团外卖旗下便配备了美团专送。有时我们在路上会看到一些戴着黄色头盔、穿着带有美团标志的黄色衣服、带着带有美团标志的送餐盒的人，如图 11-5 所示。这些人就是美团专送的骑手。

因为美团外卖是美团旗下的专业外卖平台，而美团外卖又是一个流量非常大的平台，所以，美团专送为了满足配送需求，在各大城市中都配备了许多骑手。在一些城市中，我们都能看到如图 11-6 所示的美团专送服务点。

图 11-5 美团专送的骑手

图 11-6 美团专送服务点

通常来说，美团专送的骑手都是美团公司的员工，所以，其管理相对来说是比较正规的。例如，美团外卖骑手的上班时间一般都固定为早 9 点到晚 21 点，而骑手的配送半径通常也是相对固定的。也就是说，与一般的外卖公司相比，美团专送相对来说是比较靠谱的。

另外，由于美团专送是美团外卖专属的配送服务，因此，它在美团外卖中会享有一定的“特权”。例如，配备美团专送服务的店铺都具有“美团专送”的标

志，如图 11-7 所示。而且消费者在筛选店铺时，“美团专送”也会作为一个筛选条件，如图 11-8 所示。

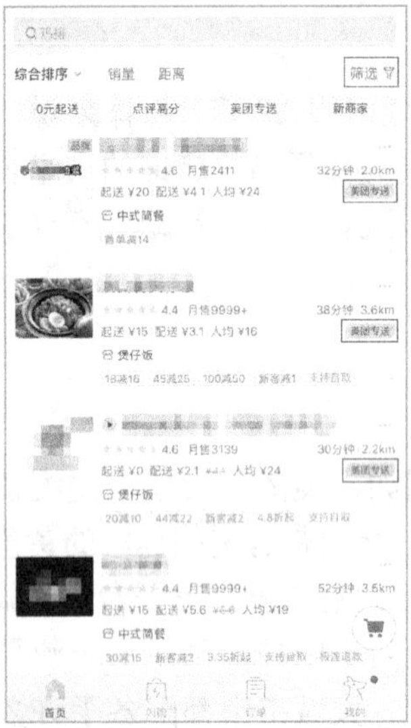

图 11-7 “美团专送”标志

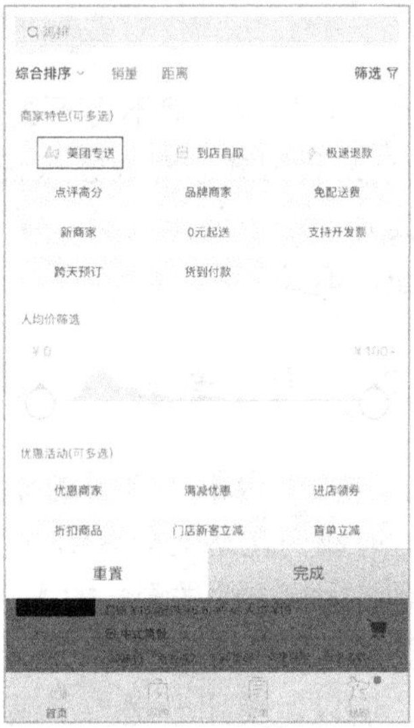

图 11-8 “美团专送”作为筛选条件

毫无疑问，借助美团外卖的扶持，美团专送在美团中是拥有一定优势的，这也是许多商家选择它的原因。当然，选择美团专送对商家来说也有一个不太好的地方，那就是商家需要向骑手支付一定的费用，这无疑提高了商家的运营成本。

11.2.2 蜂鸟专送

在 11.2.1 节的开头中，作者已经提到，许多外卖平台都拥有自己的配送服务，美团外卖有，饿了么同样也有。不过饿了么的配送服务，不叫“饿了么专送”，而是叫“蜂鸟专送”。

蜂鸟专送的骑手也很好辨别。他们一般都头戴蓝色头盔，身穿带有蜂鸟专送标志的蓝色衣服，而其配送车上配备的则是一个标有“饿了么”“蜂鸟配送”等字样的蓝色餐盒，如图 11-9 所示。

饿了么对蜂鸟专送可以说是非常重视的，这一点从饿了么官网设有蜂鸟专送入口便可以看得出来。如图 11-10 所示为“饿了么”官网默认界面，用户只需单击“蜂鸟配送”便可以进入如图 11-11 所示的“蜂鸟配送”界面。

从图 11-10 可以看出，在“蜂鸟配送”界面中为商家配备蜂鸟专送及其他用户成为骑手都提供了入口，这便对蜂鸟配送的发展起到了一个很好的引流、蓄能的作用。

图 11-9　蜂鸟专送骑手

图 11-10　“饿了么”官网默认界面

图 11-11　“蜂鸟配送”界面

和美团专送在美团外卖中的地位相同，蜂鸟专送也受到了饿了么的大力扶持。商家进入饿了么的“外卖”界面便可以看到一些具有“蜂鸟专送”标志的店铺，如图 11-12 所示。同时，“蜂鸟专送”也会作为筛选店铺的一个条件，如图 11-13 所示。

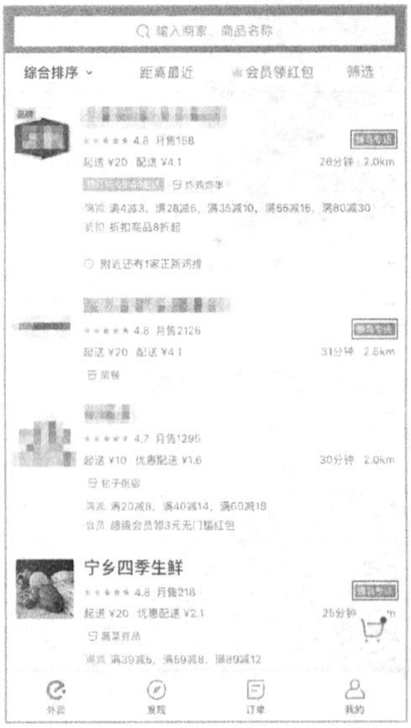

图 11-12 “蜂鸟专送”标志

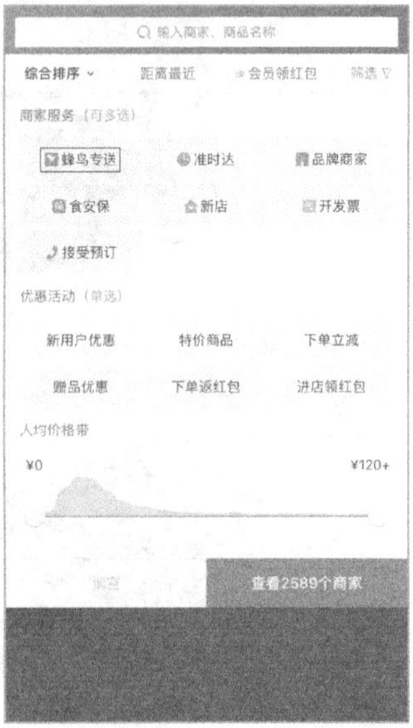

图 11-13 “蜂鸟专送”作为筛选条件

与一般的外卖配送不同的是，蜂鸟专送提供准时达服务。所谓“准时达”，就是蜂鸟配送会约定一个送达时间，如果骑手超过约定时间 10 分钟以上才送达，消费者便可以获得赔偿红包。

这种做法看似只是在违约时赔偿消费者一个几块钱的红包，但是，却表现出该配送服务敢于承诺，勇于承担责任。这不仅可以让消费者对运送的速度更加放心，对骑手来说，也可以起到很好的鞭策作用。

11.2.3 跑腿公司

除了各大外卖平台旗下配备的配送服务，外卖市场上还有一些可供商家选择的跑腿公司。接下来，作者就选择其中两个公司进行重点说明。

1. 达达

达达是一个提供同城即时配送服务的众包公司。截至 2018 年 8 月，其旗下已经拥有约 400 万名配送员，服务覆盖 400 多个城市的约 120 万个商家。如图 11-14 所示为达达官网首页。

图 11-14 达达官网首页

达达的发展与京东有很大的关系，京东开设了“京东到家”版块。如图 11-15 所示为“京东”App 首页，可以看到，“京东到家”在导航栏中。“京东到家”聚集了用户附近的许多店铺，而达达则针对“京东到家”中的这些店铺承担主要的配送任务。

图 11-15 “京东”App 首页

2. 点我达

点我达致力于为用户提供即时配送服务，虽然它只是一个第三方配送公司，但其配送员数量却达到了 300 万，而借助如此庞大的配送员数量，截至 2018 年 12 月，点我达的配送业务已经覆盖超过 300 个城市，其服务的商家超过 100 万个，用户数量超过 1 亿。如图 11-16 所示为点我达官网首页。

图 11-16　点我达官网首页

点我达作为国内知名的跑腿公司，其实力是不容置疑的。但是，它毕竟只是一个第三方平台，所以，在一些方面仍不是十分便利。例如，在饿了么点餐时，如果商家的餐点是由蜂鸟专送配送的，只要商家接单了，“饿了么”App 中就会出现一张配送进度图，消费者可以看到骑手与自己之间的距离。

因为点我达是第三方平台，所以，在“饿了么”App 中，它不能利用该功能。而点我达的解决方式就是，在骑手接单之后，向消费者发送一点包含链接的短信，消费者进入该链接便可查看送餐进度，如图 11-17 所示。

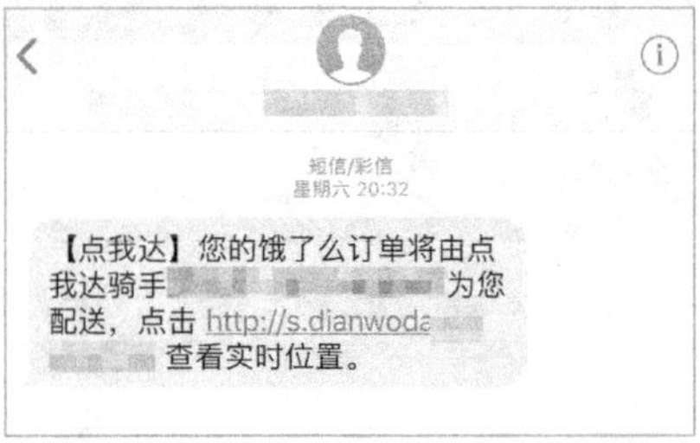

图 11-17　点我达向消费者发送的信息

虽然这样做也能达到方便消费者查看送餐进度的目的，但是，消费者查看配送进度时，需要从外卖 App 切换到短信界面，还要进行后续操作，这无疑会让消费者感到不便。

11.2.4　商家配送

对商家来说，配送公司骑手的服务虽然比较专业，但是，他们毕竟不是自己的员工，有的地方可能会与自己想要的效果存在差距。再加上商家往往还需要向这些配送公司的骑手支付一定的费用。因此，许多商家实际上是不太想让配送公司的骑手承担店铺内的配送任务的。

对此，最好的解决方法就是商家自己组建配送团队，这样一来，骑手都是自己的员工，然后将配送方式改为商家自己配送。

在外卖市场中，商家自己配送的店铺相对来说比较少，但也不是没有。图 11-18 所示为某肯德基宅急送店铺的相关介绍，可以看到，其餐点就是由自己配送的。

虽然自己配送对商家来说有一定好处，但是，还是有一些需要特别注意的地方。例如，商家应该控制好配送价格，不要让配送费吓走消费者。如图 11-19 所示为某肯德基宅急送店铺的相关界面，可以看到，该店铺与消费者的距离仅为 1.8 千米，而配送费却达到 9 元。

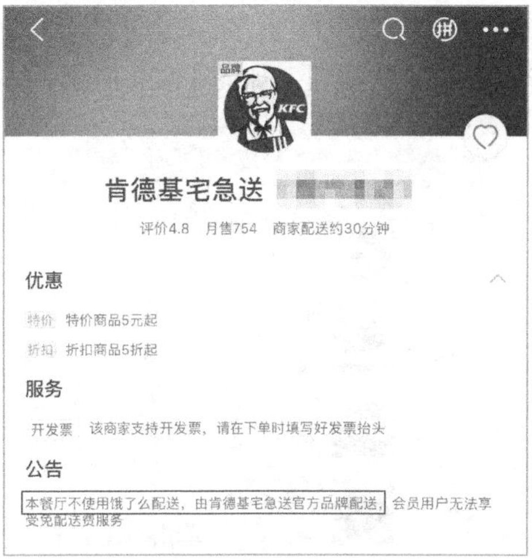

图 11-18　某肯德基宅急送店铺的相关介绍

图 11-19　某肯德基宅急送店铺的相关界面

这对消费者来说明显就比较高了。因此，该店铺的月销售量并不是很高。其实，商家只要站在消费者的角度想一想就会明白这个道理，如果你是一个普通白领，你会舍得花 9 块钱让附近的店铺送餐过来吗？

11.2.5　到店自取

配送服务虽然能够给消费者带来方便，但是，消费者毕竟需要为此支付一定的服务费用。而且一个骑手有时候需要同时送多份餐点，运送的时间也会相对较长。对此，美团外卖便推出了“到店自取”服务。消费者只需按照如下步骤，便可以将配送方式定为“到店自取”。

步骤 01 登录“美团外卖”App，在店铺筛选界面中选择“到店自取”，如图 11-20 所示。

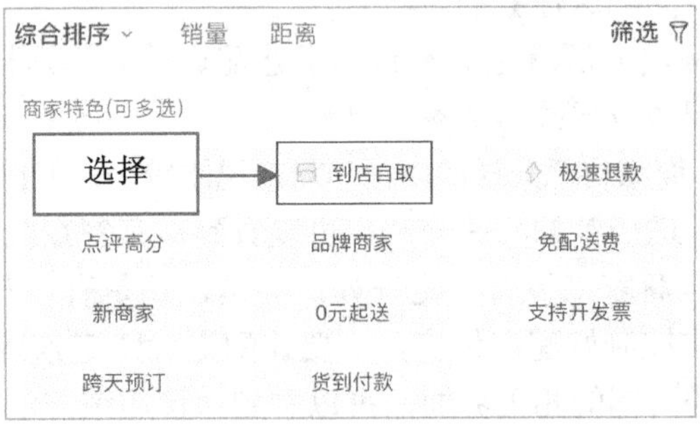

图 11-20　美团外卖筛选店铺的相关界面

步骤 02 在弹出的界面中，选择需要点餐的店铺，如图 11-21 所示。

步骤 03 在店铺中点餐，点餐完成后单击“去结算”按钮，如图 11-22 所示。

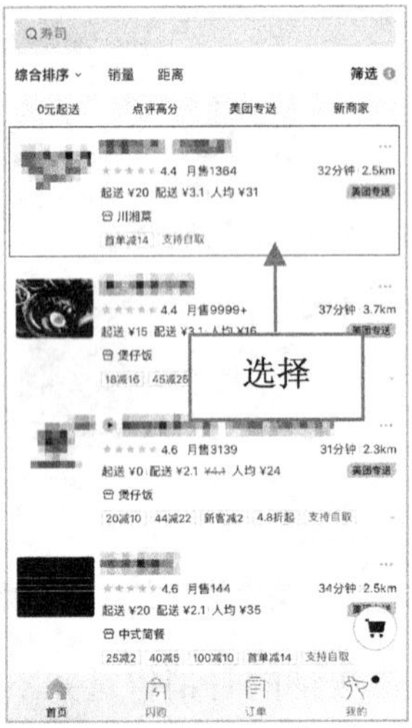

图 11-21　选择需要点餐的店铺

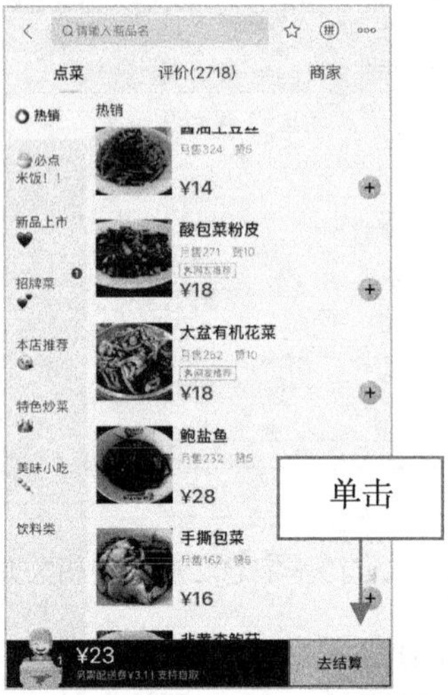

图 11-22　单击“去结算”按钮

步骤 04 执行操作后，进入如图 12-23 所示的“外卖配送”界面，单击该界面上方右侧的“到店自取”按钮。

步骤 05 完成操作后，进入如图 12-24 所示的“到店自取”界面。消费者只需单击“提交订单”按钮，并进行支付，便可以享受到店自取的服务。

到店自取的模式对消费者来说主要有两个好处，一是可以省去一笔配送费，二是商家做好餐点之后，消费者可以随时到店领取，时间可由自己控制。而对商家来说，到店自取也可以为店铺省去一定的配送成本。因此，可以说，到店自取这种方式对部分商家和消费者来说，是利于营造共赢局面的。

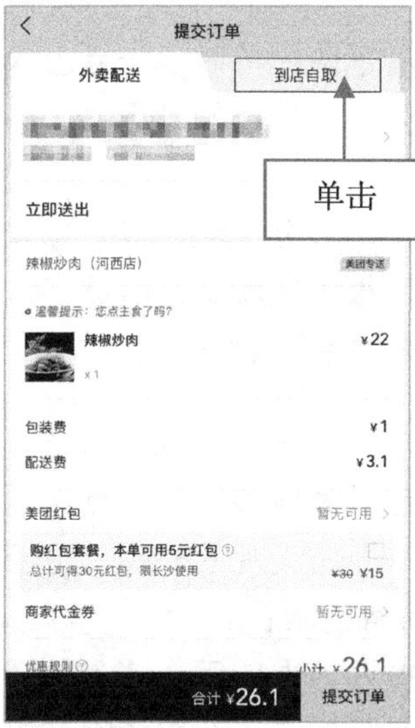

图 11-23 “外卖配送”界面

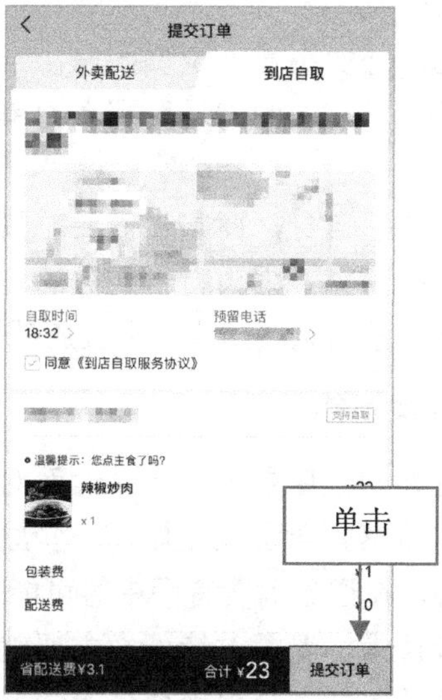

图 11-24 “到店自取”界面

11.3 4 种配送策略，为物流增速提质

外卖配送是配送效率和服务质量的一种体现。在此过程中，商家和骑手如果能够懂得一些配送策略，物流配送水准将会大幅提升。

11.3.1 “最后一公里”最为关键

如果将整个外卖服务比作一场马拉松，那么，配送就是这个行程中的“最后一公里”。虽然它看着近在眼前，好像你马上就能完成了，但是，却能直接影响最后的结果。如果“最后一公里”做不好，前面的努力很可能也就白费了。所以，配送对商家来说是非常关键的，商家一定要重点把握。具体来说，在配送餐点的过程中需要重点把握以下 3 点。

1. 安全为先

虽然许多外卖骑手需要靠多送餐来提高工资，但是，骑手们需要明白的一点是，身体是革命的本钱。所以，在配送外卖的过程中，还是要以安全为先。如果为了将一个订单按时送达而损害了自己的身体，就有些得不偿失了。

然而，在现实生活中，我们经常可以看到部分外卖小哥在配送的过程中，做出了许多不顾自身安全的行为。例如，有的外卖小哥为了将外卖更快送达，做出闯红灯的行为。

对此，外卖小哥一定要明白，当你在冒着危险配单时，一旦出现问题，损失的就不仅仅是几块的配送费那么简单了。所以，在配送的过程中，不要拿自己的身体冒险。

除了骑手自身，商家也需要对骑手的安全多一分关注、多一分理解，特别是自己配送的商家。因为自己配送的商家，骑手很可能就是你的员工，如果你的员工因为身体原因无法工作，那么店铺的配送效率将会大幅降低。

2. 温柔对待

每份外卖就像是一件作品，而对待一件作品就应该温柔一点。如果你不够小心，它的质感就会发生变化，一些原本看起来非常美观的外卖，由于商家和骑手不够小心，在送到消费者手中时可能也会变得有些难看。

作者认为，温柔对待外卖主要就是要做好两方面的工作。一是轻拿轻放，确保外卖的外包装不会出现变形等情况；二是平稳配送，在配送的过程中尽量不要出现摇晃等情况，避免外卖的汤汁渗漏。

3. 端正态度

骑手在配送过程中需要明白自身的责任，你的主要任务是将餐点完好地送到消费者手中。但是，除此之外，你还是一个服务者，你有必要让你的服务对象感受到你认真的服务态度。

当然，大多数骑手的服务态度都是比较好的，有的骑手即便因为客观原因耽误了时间，也会拼命将餐点按时送达，如果超时了还会向消费者一再道歉。

但是，有的骑手在配送过程中却有一些不是很好的行为。例如，有的骑手面对消费者的催单恶语相向，还有部分骑手在配送过程中随意放置餐点，甚至消费者还没到就自己先走了。

对此，骑手还是得端正自己的态度，一方面，消费者会对你的服务进行评价，如果你的服务态度不好，消费者就会给你差评；另一方面，作为一个服务者，你就应该拿出服务应有的态度。

11.3.2 配送范围不是越大越好

外卖实际上是将线下的店铺搬到线上来做，这也让店铺可以被更多人看到。虽然借助各大外卖平台，店铺的销售半径扩大了。但是，商家需要明白的一点是，配送也是销售的一个环节，一家店铺能否获得持续快速的发展，除了销量，还需要口碑来保障。而配送对店铺的口碑又会产生重要影响。

所以，商家一定要重点考虑配送问题，特别是配送范围。很显然的一点是，商家的配送范围并非越大越好。因为配送距离过长，不仅会影响配送的数量，更关键的一点在于，由于配送时间过长，消费者对于配送，甚至是商家的满意度都可能会大大降低。

这一点各大外卖平台显然也看到了，在大多数外卖平台中，商家的配送半径被限制在 5 千米以内。其实，作者觉得 5 千米的半径还是过长了。如图 11-25 所示为部分店铺的介绍界面，可以看到，这些店铺的配送范围虽在 5 千米以内，但也非常接近 5 千米了，而且配送的费用相对来说也是较高的。

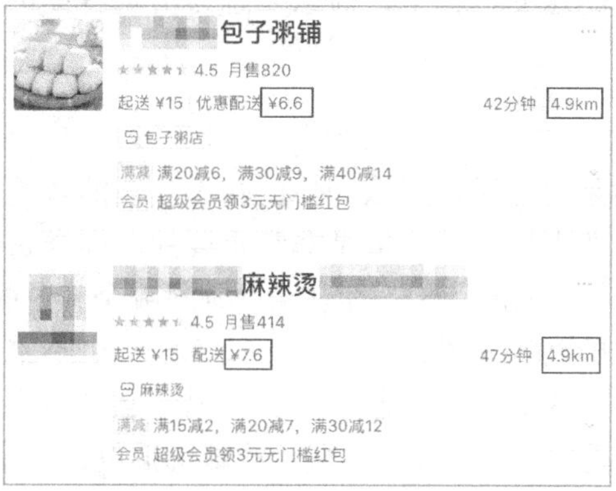

图 11-25 部分店铺的介绍界面

因此，如果消费者选择这类距离较远的店铺时，需要额外支付的费用实际上是比较多的，而这样一来，消费者对于店铺的菜品和服务可能会提出更高的要求。但是，因为配送距离较远，一些方面又难达到要求。这样一来，虽然商家获得了订单，但可能随之而来的就是差评。

所以，在作者看来，商家没有必要把配送半径设置得太大。另外，商家在设置配送范围时，也不一定要以多少千米为半径进行画圆。商家完全可以根据自身的实际情况，以多边形的形式划定配送范围，达到兼顾订单量和配送的效率的目的。

例如，商家可以按照小区来设置配送范围，将店铺周围的几个小区作为主要配送区域。再如，如果商家的店铺处于某个商圈中，可以将该商圈及附近人流量相对较大的地方设置为配送区，配送的效率将大大提高。

11.3.3 自配送更应重视用户体验

在 11.2.5 节中作者曾提到，部分商家出于各种考虑，可能会选择自己配送餐点。对于这一方式，作者认为商家需要先明确一件事，配送应该是为提高口碑服务的，而不仅仅是商家赚钱的工具。

虽然商家开店的目的就是赚钱，但是，不应该太过功利化，部分商家甚至希望通过配送费再赚一笔。这种做法就显得“吃相”太难看了。更何况消费者都比较明智，当你店铺的配送费远高于其他店铺时，消费者就会选择其他的同类店铺。

其实，在作者看来，如果商家选择由其他公司配送外卖，在配送过程中出了问题，还可以“甩锅”。而如果是店铺自己配送的话，就必须自己承担责任了。所以，选择自配送的商家，应该要比选择其他配送方式的商家更重视用户的体验。

具体来说，在自配送的过程中，商家要想为消费者提供更好的体验，要注意以下 3 点。

1. 注意着装

如果商家选择的是自配送，那么，你的骑手代表的就是你的品牌或店铺的形象。所以，骑手向消费者展示的形象是非常重要的。同样是骑手，一个人的穿着看上去脏兮兮的，另一个人的着装干净整洁，你对哪个骑手的印象会好一些呢？

另外，对自配送的商家来说，骑手的着装也是一个不错的宣传平台。商家可以统一骑手的着装，并将品牌或店铺的 Logo 等印在骑手的服装上面。这样不仅能保证骑手着装整齐，更关键的一点是，骑手也成为店铺的一个移动宣传点。

2. 注意态度

端正服务态度是对所有从事服务业的人员的基本要求，普通配送员希望消费者给自己好评，也会尽可能地为消费者提供更好的服务。而对选择自配送的商家来说，其骑手的服务态度不仅关系骑手自身，更是店铺服务水平的体现。

所以，选择自配送的商家，对骑手服务态度的要求应该是更高的。对此，商家可以针对骑手的服务制定相关的制度和规范，整体提高骑手的服务态度，让消费者享受更好的配送服务。

3. 注意费用

配送费用是消费者在配送环节中比较关注的一个问题，有时配送费的高低甚至直接对消费者的下单行为起决定性作用。

美团外卖对于配送费这个方面可以说是比较重视的。在消费者筛选店铺时，“免配送费”会作为一个关键词出现，如图 11-26 所示。而选择“免配送费”，单击“确定”按钮之后，界面会跳转至“美团外卖”App 的首页，此时显示的店铺都是免配送费的，如图 11-27 所示。

当然，商家也是需要考虑自身的经营成本的，并不是说商家要不顾成本地去为消费者提供配送服务。但是，配送费对消费者来说也是一笔费用，商家完全可以通过控制配送费用，让该费用看上去不是那么高，从而降低消费者的实际支付金额，增强店铺对消费者的吸引力。

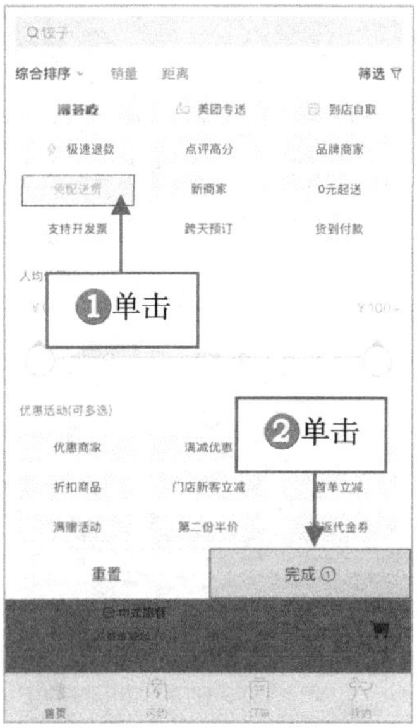

图 11-26　筛选店铺界面

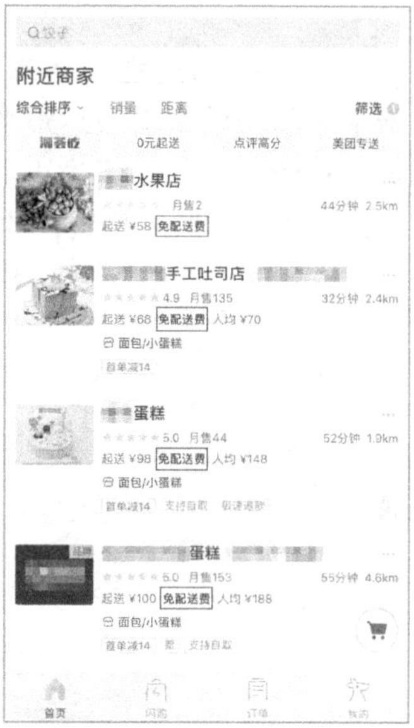

图 11-27　显示免配送费的店铺

11.3.4　正确解决常见的配送问题

商家在经营过程中，必然会遇到一些配送问题。商家如果能够正确解决问题，不仅能够让配送更有效率地进行，还能提高消费者对配送服务的满意度。接下来，作者就选取配送过程中可能出现的两个关键问题进行重点说明。

1. 消费者催单

在大多数外卖平台中，商家接单之后，系统就会显示预计送达时间。如果时间过了很久商家还没将外卖送出，或者时间快到了，但骑手距离消费者还有一定距离，消费者可能会催单。

对此，商家可以分情况进行回复。如果是外卖还没送出，可以先向消费者表示歉意，并说明原因。然后，承诺对消费者做出一定的补偿，如可以赠送一些菜品，或者协助消费者取消订单，并再次表示歉意。

而如果是运送时间过长，骑手还未送达的情况，商家可以先向消费者说明情况，并安抚好消费者的情绪。然后，与骑手取得联系，提醒骑手尽快将餐点送到消费者手中。

2. 餐品被损坏

因为打包员的工作没做好，或者配送员在配送过程中出现失误，餐品可能会被损坏。如果店铺是自己配送外卖，时间又足够的话，可以选择重新为消费者再做一份餐点。

而如果是由其他公司配送的，或者已经来不及重做了。商家在了解情况之后，可以和骑手一起向消费者表达歉意。情况比较严重的，商家还可以适当给消费者做出一定的补偿。例如，下次再次购买该餐品时，给消费者免单，让消费者看到你是愿意为出现的问题承担责任的。